IMPROVISATIONSTHEATER

Band 9: Impro-Shows

IMPROVISATIONS-THEATER

Band 9: Impro-Shows

DAN RICHTER

Impressum

Dan Richter
www.danrichter.de

© September 2019

Herstellung und Verlag: BoD – Books on Demand, Norderstedt

Cover-Gestaltung: Laura Kötter
Foto des Autors: Matthias Fluhrer

Bibliografische Information der Deutschen Nationalbibliothek: Die Deutsche
Nationalbibliothek verzeichnet diese Publikation in der Deutschen
Nationalbibliografie; detaillierte bibliografische Daten sind im Internet über
www.dnb.de abrufbar.

ISBN 9783749482986

INHALTSVERZEICHNIS

Vorwort

Improtheater-Spieler widmen einen Großteil ihrer Workshops und Proben den Szenen, dem Schauspiel und dem Storytelling. Wie aber bauen wir aus diesem Elementen eine sehenswerte Show? Im neunten Band der Reihe „Improvisationstheater" wollen wir uns anschauen, wie wir Games, Szenen und Langformen zu einer sehenswerten Show zusammenfügen. Wir werden Formate betrachten, die den Impro-Aspekt besonders betonen, zum Beispiel weil sie das Scheitern heiter auffangen und solche, die spezielle Aspekte auf die Bühne bringen, zum Beispiel Open Stages oder Playbacktheater. Wie können wir uns im Backstage angemessen aufeinander und auf die Show einstellen? Wie moderiert man eine Show? Wie gehen wir mit dem Publikum um? Welche Rolle spielen Technik, Requisiten, Masken, Bühnenbild? Inwiefern unterscheiden sich reguläre Shows von Kurz Auftritten in Mixed Shows oder bei Firmen-Galas? Wie verhandelt man einen Show-Vertrag.

Ich hoffe, mit diesem Buch den vielen Gruppen und Spielern Antworten auf diese Fragen zu geben und möchte sie anregen, neue Show-Formate auszuprobieren, Konventionen zu überdenken und das Verhältnis zum Publikum zu verfeinern.

Rechtlichen Fragen habe ich in diesem Werk nach bestem Wissen behandelt. Da inhaltliche Fehler trotzdem nicht auszuschließen sind, erfolgen diese Angaben ohne jegliche Verpflichtung des Verlages oder des Autors. Beide übernehmen daher keine Haftung für eventuelle Unrichtigkeiten.

Um flüssiges Lesen zu erleichtern, wird in diesem Werk überwiegend das generische Maskulinum verwendet.

Ich widme dieses Buch allen, die den Improspielern hinter der Bühne helfen – den Technikern, den Barleuten, Kassierern, Spielstätten-Betreibern – sowie den treuen Impro-Stammzuschauern.

1 SHOW-AUFBAU

Man hat geübt, geprobt, gefeilt. Man hat Impro-Techniken internalisiert, Schauspiel trainiert. Man kennt viele Games und eine Handvoll Langformen. Und man will vor allem eines: Auf die Bühne! Die Frage stellt sich nur: Was für eine Art von Show wollen wir spielen?

1.1 Zweistündige Show mit Pause

Die in Deutschland häufigste Grundstruktur einer Show besteht aus zwei Teilen in zirka zwei Stunden inklusive Pause. Diese Struktur eignet sich für verschiedene Show-Formate:

1.1.1   Games, Szenen, Mini-Storys – Die energetische Kurzform-Show

Wenn ihr eure Show hauptsächlich mit kurzen Szenen und Impro-Games bestreitet, solltet ihr euch vom Prinzip von *Vielfalt und Abwechslungsreichtum* leiten lassen. Wechselt zwischen erzählerischen Spielen (zum Beispiel „Schreibmaschine[1]") und energievollen Spielen, die verschiedene Impro-Tugenden wie Tempo oder Rechtfertigen betonen. Man kann sich eine solche Show wie ein Menü vorstellen: Man will ja bei einem Dinner nicht nur Dessert speisen, sondern auch etwas Kraftvolles.

Als Eröffnung bieten sich simple Games an, die das Phänomen Improvisation aus sich selbst heraus erklären. Jeder, der zum Beispiel eine Ein-Wort-Geschichte[2] sieht, versteht sofort, wie Improvisation funktioniert, und jede Erklärung erübrigt sich.

Die Spiele sollten kurz und klar erklärt werden. Man vermeide Jargon, den außerhalb der Impro-Gemeinde niemand versteht. Also statt „Wir spielen jetzt eine Genre-Achterbahn", sage man lieber: „Die folgende Szene wird in wechselnden Genres gespielt."

Reine Impro-Game-Shows bergen die Gefahr, sich zu wiederholen. Man spielt dann immer wieder dieselben Spiele, die man gut beherrscht oder die das Publikum liebt. Es geht aber nicht um Game-Beherrschung, sondern um Risiko. Nur wenn das Publikum das mögliche Scheitern eines Spiels erkennt, wird es euren Mut bewundern. Das heißt aber nicht, dass man absichtlich schlecht spielen sollte, wie um zu „beweisen", dass man improvisiert, sondern, sich schwierigen Herausforderungen zu stellen. Nichts ist so

---

[1] Impro-Klassiker von Keith Johnstone: Ein Spieler ist der Erzähler und „schreibt" die zu improvisierende Geschichte auf einer gemimten Schreibmaschine (oder einem Laptop). Die Mitspieler spielen die Szenen physisch und verbal aus. Der Erzähler darf alles vorgeben außer die gesprochenen Dialogzeilen.

[2] Ein-Wort-Geschichte: Zwei oder mehr Spieler erzählen gemeinsam eine Geschichte, wobei jeder Spieler immer nur ein Wort sagen darf. (Keith-Johnstone-Spiel)

langweilig wie eine perfekt gespielte ABC-Szene[3], nichts ist so spannend wie einem Team dabei zuzusehen, wie es eine ABC-Szene *zum ersten Mal* spielt. Eine schöne Herausforderung für Profis ist es auch, Spiele aufzuführen, die man seit Jahren nicht mehr gespielt hat, etwa weil man sie in die Schublade „Übungs-Games für Anfänger" abgelegt hat.

Haltet das Überraschungsmoment des Abends sowohl für die Zuschauer als auch für die Spieler hoch. Wenn ihr Theatersport[4] spielt, sprecht euch nicht vorher über die Games ab, zu denen ihr euch herausfordert. Wenn ihr eine nicht-kompetitive Show spielt, sollte euch der Moderator überraschen oder – wenn ihr ohne Moderator spielt – ihr überrascht euch gegenseitig.

Wechselt auch ab in puncto Tempo und Dauer der Szenen. Albernes und Ernstes können in einer Game-Show ihren Platz haben.

Für das Ende der Show bieten sich Games an, mit denen man brillieren kann und die das gesamte Ensemble noch einmal zusammenführen. Gebt dem Publikum etwas mit auf den Weg nach Hause: Etwas zum Lachen (flotte Games), etwas Herzzerreißendes (schöne Szenen), etwas zum Staunen (Szenen mit Gesang).

Die Zeit auf der Bühne erscheint Spielern oft kürzer als den Zuschauern. Schenkt eurem Publikum (und euch selbst) eine Verschnaufpause. Game- und Kurzform-Shows, zu denen auch Theatersport zu zählen ist, sind oft ziemlich gag-orientiert. Die Sequenzen und Storys sind rasch vorbei, Szene folgt auf Szene. Als Zuschauer möchte man auch ein bisschen Zeit haben, die kurzen Szenen zu „verdauen", besonders schöne Szenen besprechen, vielleicht ein Getränk an der Bar nehmen und seinem Rücken ein wenig Entlastung verschaffen.

---

[3] ABC-Spiel: Die Sätze der beiden Spieler müssen jeweils mit dem folgenden Buchstaben des Alphabets beginnen.

[4] Erklärung dieses Wettbewerbsformats ausführlich in Kapitel 3.1

Aber auch die Spieler selbst sollten die Pause nicht unterschätzen. Tankt Energie, sammelt euch innerlich, kommt wieder zueinander.

1.1.2 Games plus Langform

In einer Show mit zwei Hälften bietet es sich an, Games und Langform zu kombinieren. Ich liebe diese Shows, da sie dem Publikum zwei Seiten des Improvisierens zeigen: Einerseits Tempo und die amüsante Demonstration der Technik des Improvisierens, andererseits Entwicklung von Figuren, längeren Szenen, Storys und Collagen.

Wenn man sich für die Kombination Games und Langform entscheidet, liegt es nahe, die Games im ersten Teil der Show zu spielen. Das Publikum wird auf diese Weise zuerst mit dem Impro-Prinzip vertraut gemacht. Außerdem wirken die Games wie ein Aperitif: Man ist erheitert und freut sich auf das, was folgt. Die Langform im zweiten Teil zeigt dann, was man mit der Technik des Improvisierens erschaffen kann. Wenn man mit Games beginnt, lässt sich auch leichter die Skepsis einiger Zuschauer („Ist das auch wirklich improvisiert?") zerstreuen. Anschließend kann man in der Langform von diesem Vertrauensvorschuss zehren.

Die Reihenfolge „erst Games, dann Langform" ist eine Faustregel und man sollte sie nicht zum Dogma erheben. Wenn es euch aus irgendeinem Grund umgekehrt sinnvoller erscheint, dann probiert es aus. Viel hängt auch von der Art der Langform und der Games ab, aber auch von der Art und Weise, wie eure Show strukturiert ist. Letztlich zählt hier *eure* Erfahrung.

1.1.3 Zwei Langformen

Die Show-Struktur „Erste Hälfte Games, zweite Hälfte Langform" ist für viele Gruppen so in Fleisch und Blut übergegangen, dass sie glauben, man *müsse* das Publikum mit Games aufwärmen, mit zwei

Langformen pro Abend würde man es überfordern. Das stimmt natürlich nicht. Wenn ihr Langformen liebt und Games eher auf Proben und Workshops, nicht aber auf der Bühne spielen wollt, dann tut euch keinen Zwang an. Tatsächlich assoziieren die meisten Fans Improtheater immer noch mit Games.[5] Solche Einzelstimmen gibt es meistens, wenn man Langformen in einer Impro-Community einführt, die sehr von Games und Theatersport geprägt ist, oder von Zuschauern, die Impro aus dem Fernsehen kennen. Vergesst nicht: Ihr spielt die Show, die ihr selber gerne sehen würdet.[6] Das entsprechende Publikum wird euch folgen.

Dies vorausgeschickt, kann man aber auch hier wieder eine Faustregel anwenden: Wenn ihr zwei Langformen spielt, ist es tendenziell sinnvoll, diejenige als erstes aufzuführen, bei der ihr das Publikum mehr einbindet. Ein anderes Kriterium wäre, dass man diejenige Langform *als zweites* spielt, die vom Publikum etwas geistige Vorbereitung erfordert (zum Beispiel sich an eine persönliche mysteriöse Geschichte zu erinnern) oder bei der das Publikum etwas in der Pause tun muss (Zettel ausfüllen, einen Gegenstand auf die Bühne legen usw.)

1.1.4 Eine Langform über zwei Hälften

Eine Langform über *zwei* Hälften scheint für einige Gruppen ein völliges Tabu zu sein. Und tatsächlich gibt es Gründe, die dagegen sprechen: Man kann bei einer Langform mit weniger formaler Vielfalt rechnen. Das Risiko des echten Scheiterns ist ungleich höher:

---

[5] Nach Langform-Shows fragen uns immer wieder fragen mal Zuschauer, die Improtheater hauptsächlich aus Match-Formaten kennen, wo denn bei uns der Wettbewerb sei, ob man überhaupt von Improtheater sprechen könne, wenn es weder eine Gromolo-Szene noch eine Arm-Rede gebe.
(Arm-Rede: Ein Spieler steht hinter dem anderen und leiht ihm die eigenen Arme. Während der Rede beeinflussen sich Arme und Rede gegenseitig.
Gromolo-Szene: In einer Szene werden die Sätze in Phantasie-Sprache gesprochen. Das kann auch Phantasie-Italienisch oder Phantasie-Japanisch sein.)

[6] Siehe *Improvisationstheater. Band 1: Die Grundlagen*

Wer will schon den zweiten Teil einer Langform sehen, die bereits im ersten Teil dermaßen versemmelt wurde, dass weder Zuschauer noch Spieler nach der Pause noch Lust drauf haben!

Aber: Einige der schönsten Shows, die ich gesehen und die ich gespielt habe, waren Langformen über zwei Hälften. Und hat sich schon mal jemand bei Shakespeares „Hamlet" beschwert, dass die Schauspieler nach der Pause noch immer dasselbe Stück spielten?

Eine Show auf diese Weise zu spielen, ist momentan nicht gerade üblich. Ich glaube aber, dass sich das sehr bald ändern wird. Um die Jahrtausendwende hat in Deutschland fast niemand Langform-Impro gespielt. Inzwischen sind sie normaler Bestandteil der Impro-Szene geworden. Dasselbe wird bald auch auf diese „langen Langformen" zutreffen. Wenn ihr also nicht gerade die eine Impro-Gruppe in der Stadt seid, die ohnehin andauernd diese Art von Langform-Shows spielt, liegt es nahe, das Publikum, das vielleicht beim Kartenkauf, etwas anderes erwartet hat, kurz zu konditionieren. Man muss keine ausführlichen Erklärungen abgeben. Kündigt kurz und bündig an, was ihr vorhabt, holt euch eure Inspirationen, wünscht den Zuschauern viel Spaß dabei, und los geht's.

1.2 Einstündige Shows

Einstündige Shows sind hierzulande eher unüblich, in den USA hingegen quasi Standard, da diese Kürze dort auch der Publikumserwartung in Bezug auf Unterhaltungsshows entspricht: Man geht nach der Arbeit noch kurz sich amüsieren, um dann den Abend auf einer Party, im Restaurant oder vor dem Fernseher zu verbringen. Ich vermute, dass sich auch bei uns hier und da auch kürzere Showformen einschleichen werden, einfach weil sie oft den Bedürfnissen des Publikums, der Spieler und der Betreiber besser entsprechen. Einstündige Shows bieten sich an,

- wenn das Publikum auf Kurzweiligkeit gepolt ist. Im Uni-Café nach den Vorlesungen, in der Innenstadt am frühen Abend, im Theater nach der Hauptvorstellung.
- wenn die Spieler selbst eher eine kurze, knackige Show bevorzugen.
- wenn die Räumlichkeit selbst eher für kurze Formate geeignet ist. Das trifft besonders auf Cafés, Bars usw. zu.

Bei einstündigen Shows gilt vor allem eine Regel: In der Kürze liegt die Würze. Kommt rasch zum Punkt. Keine langen Anmoderationen, kein überflüssiger Show-Schnick-Schnack.

Eine einstündige Show ist weder für Kurzformen noch für Langformen reserviert. Beides kann funktionieren. Zur Not kann man sogar ein Theatersport-Match in eine Stunde quetschen, wobei dann sowohl Szenen als auch Moderation und Abstimmung zeitlich ungeheuer gekürzt werden müssen, was zu einer gewissen Kurzatmigkeit der Show führen kann.

1.3 Impro-Marathons

Von einem Marathon sprechen wir bei einer Impro-Show ab sechs Stunden. Der längste Marathon, in den ich als Zuschauer reinschnupperte, hatte eine Dauer von 48 Stunden.

Wie man sich leicht vorstellen kann, ist so ein Marathon eine an den Wahnsinn grenzende Unternehmung. Jedem ist klar, dass kaum ein Zuschauer sich eine derartige Show durchgehend anschauen will. Kein Spieler ist in der Lage, vierundzwanzig Stunden zu improvisieren. Selbst bei einer länger als vier Stunden dauernden Show werden sich psychische und physische Abnutzungserscheinungen bemerkbar machen. Und trotzdem haben solche Shows natürlich ihren Reiz.

Zunächst ist ein Impro-Marathon eine schöne Möglichkeit, Spieler zusammenzubringen – aus verschiedenen Gruppen, aus verschiedenen Städten, man kann die Bühne für Impro-Schüler öffnen oder auch für das Publikum als Open Stage.

Häufig werden Impro-Marathons zu bestimmten Anlässen gespielt: Als Benefiz, als Mini-Festival, als jährliches Zusammentreffen oder als Gedenkveranstaltung[7].

Die Belastung, einen Marathon zu organisieren, bei ihm aufzutreten und letztlich auch, ihn anzuschauen, ist enorm. Wenn ihr mutig seid und ein solches Unterfangen tatsächlich stemmen wollt, dann solltet ihr folgende Punkte bedenken:

- Sorgt für Vielfalt! Ein Marathon, bei dem auf einer Bühne stundenlang immer nur dieselben Games aufgeführt werden, lockt kein Publikum, sondern ermüdet auch die Spieler selbst. Die Länge des Marathons eröffnet Möglichkeiten, die ihr bei einer normalen Show nicht unbedingt habt. Nutzt das aus. Vor allem für die theaterunüblichen Stunden (wie 5 Uhr morgens) sollte man sich gut überlegen, was man aufführt.
- Sorgt für üppiges Catering. Wer stundenlang spielt, braucht mehr als nur Cola und Erdnüsse für die Energieversorgung.
- Werbung, Werbung, Werbung! Eine Impro-Show, zu der fünfzehn Besucher kommen, ist verkraftbar. Aber wenn man für 24 Stunden fünfzig Impro-Spieler zusammengetrommelt hat, und *dann* nur fünfzehn Zuschauer kommen, wirkt das ein bisschen jämmerlich und ist für die Spieler frustrierend.
- Portioniert den Marathon fürs Publikum. Vielleicht mag es für den einen oder anderen Impro-Enthusiasten ein Erlebnis sein, sich mehrere Stunden hintereinander Improtheater anzuschauen. Die meisten Zuschauer werden aber vermutlich noch andere Pläne haben (oder einen Job, eine Familie, ein Haustier). Veröffentlicht, wann die Zuschauer welche Show zu erwarten haben. Gib den Game-Fans ihre Games, den Langform-Fans ihre Langform, den Trash-Fans ihren Trash. Seid großzügig. Gebt Rabatte für den kompletten Marathon, niedrigere Preise für einzelne Shows.

---

[7] Der derzeit bekannteste Gedenkmarathon dürfte der New Yorker Del Close Impro-Marathon mit ca. 60 Stunden Dauer sein.

- Findet Sponsoren für einzelne Kostenpunkte. Selbst wenn alle Impro-Spieler ohne Gage auftreten, werden die Kosten wahrscheinlich ziemlich hoch sein: Catering, Werbung, Theatermiete, Versicherung. Da kann ein Benefiz-Marathon schnell mehr Geld kosten als er einnimmt.

Noch eine Bemerkung zum psychologischen Faktor: Vielfach schwärmen Marathonspieler davon, nach vielen Stunden Non-Stop-Improvisierens komme man in einen positiven Spielflow, in dem jegliches Forcieren, jegliche Bewertung, alles Ego wegfällt. Man „surft" quasi auf einer Impro-Welle. Subjektiv ist für den Spieler sicherlich etwas Wahres dran. Als Zuschauer erlebt man aber auch die Kehrseite: Ein Sich-Gehenlassen der Spieler, Energielosigkeit, mangelnde Aufmerksamkeit für Details des Bühnengeschehens, der Story und der Angebote, sowie schwaches darstellerisches Spiel.[8] Ich weiß nicht, ob das Eine das Andere aufwiegt. Immerhin sollte man sich dieses Problems bewusst sein. Gönnt euch zwischendurch Pausen. Oder, liebe Marathon-Organisatoren: Gebt den Spielern bequeme Sessel für ein nettes kleines Nickerchen im Backstage. Spieler: Gönnt euch das Nickerchen! Denn im Moment kann nur sein, wer wach ist für den Moment.

1.4 Kurz-Auftritte

In größeren Städten gibt es oft die Möglichkeit für kleinere Auftritte in gemischten Comedy-Shows, Offenen Bühnen oder Ähnlichem. Wenn es sich nicht gerade um eine große Varieté-Bühne handelt, werden solche Auftritte schlecht oder gar nicht bezahlt. Aber ihr habt die Chance, euch in der Comedy-Szene bekannt zu machen, andere Comedy-Aktivisten kennenzulernen und eure Kurz-Auftritte als Werbung zu nutzen.

---

[8] Schlafmangel hat ähnliche Effekte wie hoher Alkoholkonsum und kann ähnlich wie dieser subjektiv als Flow wahrgenommen werden (siehe Matthew Walker: *Why We Sleep*), während Außenstehende die Verpeiltheit sehen.

Baut auf der Bühne auf eure Stärken. Für Kurz-Auftritte werden euch selten mehr als fünf bis zehn Minuten zur Verfügung stehen. Also werdet ihr nicht viel Zeit haben, um eure gesamte Vielfalt und das Spektrum des Improvisationstheaters abzubilden. Wenn ihr etwa gute Sänger seid, dann verplempert eure Zeit nicht mit Publikums-Warm Ups oder Freeze Tags[9]; lasst euch einen Vorschlag für eure Mini-Oper geben und legt los! Habt mehr als nur ein einziges Game in petto, vor allem wenn ihr in der Show nicht die einzige Impro-Gruppe seid. Wenn ihr unter mehreren Games auswählen wollt, dann wählt solche, die das Impro-Prinzip in den Vordergrund stellen: Ein-Wort-Geschichte[10], Sätze vervollständigen, Möp, Szenen mit Zuschauer-Beteiligung.[11] Auf diese Weise spart ihr Erklärungs-Zeit. Games dieser Art sind selbsterklärend.

Eine gemischte Show nimmt leicht eine unvorhersehbare Dynamik an, oft stärker als eine ohnehin unvorhersehbare Impro-Show, da verschiedene Show-Elemente, Comedy-Themen und Interaktionen vermischt werden, die dem Abend eine bestimmte Färbung geben. Das ist eure Chance. Greift Themen der anderen Künstler auf und beleuchtet sie von einer anderen Seite.[12] Umgekehrt: Wenn eine Show zu einseitig wird, zum Beispiel weil der

---

[9] Spiel „Freeze Tags": Kurze Szenen mit zwei Personen, die weniger als zwanzig Sekunden dauern. Ein außenstehender Spieler klatscht und ruft: „Stop!". Daraufhin halten die beiden Spieler inne. Einer von ihnen wird abgeklatscht, der Spieler von außen nimmt dessen körperliche Position ein und spielt nun eine neue Szene, in der diese körperliche Haltung gerechtfertigt wird.

[10] siehe Fußnote 2

[11] Game Sätze vervollständigen: Die Spieler halten während der Szene mitten im Satz inne und schnipsen auf einen Zuschauer, der den betreffenden Satz vervollständigen muss. Die Spieler müssen mit diesem unerwarteten Inhalt weiter improvisieren.
Game „Möp" (auch bekannt als „Neue Wahl"): Ein Zuschauer darf nach einem Satz hupen oder „Möp!" rufen. Darauf muss der Impro-Spieler einen anderen Satz formulieren.

[12] Wenn man das tut, sollte man allerdings darauf achten, nicht der naheliegenden Versuchung zu erliegen, sich über Kollegen und andere Künstler lustig zu machen oder sie gar zu parodieren. Es könnte schnell das letzte Mal sein, dass man euch eingeladen hat.

Abend von Comedians geprägt ist, die am Mikro stehen und etwas erzählen, dann setzt Kontraste. Werdet körperlich, wenn der Abend zu verbal ist. Werdet erzählerisch, wenn musikalische Nummern dominieren. Werdet interaktiv, wenn die Nummern zu frontal dargeboten werden.

Wenn ihr werbt, seid kurz und prägnant! Niemand mag langes Reklame-Gefasel. Euer Auftritt selbst ist die beste Werbung, die ihr haben könnt. Der Rest ist Information: Wo kann man euch wann sehen? Setzt die Werbung immer ans Ende eures Auftritts oder lasst den Moderator diese Informationen ansagen.

Seid freundlich und kollegial zu denen, die mit euch auftreten, auch wenn ihr mit ihren Nummern nichts anfangen könnt. Schließlich sitzt ihr im selben Boot. Widersteht der im Backstage oft anzutreffenden Versuchung, über abwesende Kollegen zu lästern. Seid loyal. Nutzt die Möglichkeiten, die euch die Offenen Bühnen geben.

1.5 Konventionen einer Impro-Show

1.5.1 Sensation oder Selbstverständlichkeit?

> „So was haben Sie noch nicht gesehen! So was werden Sie nie wieder sehen! Denn alles, was auf dieser Bühne geschieht, entsteht in diesem Moment. Ob Krimi oder Oper, ob Märchen oder Shakespeare-Drama – wir schütteln alles aus dem Ärmel! Ein Feuerwerk an Premieren! Ein Blumenstrauß berührender und zwerchfellerschütternder Szenen...“

Kommt dir das bekannt vor? Seit über dreißig Jahren wird Improtheater in Deutschland gespielt. Es wird in Volkshochschulen und Manager-Seminaren improvisiert, es gibt in fast jeder deutschen Großstadt mindestens eine regelmäßig auftretende Impro-Gruppe, selbst im deutschen Fernsehen wird improvisiert. Sollen wir in einer Zeit, in der Improtheater längst aus der Nische herausgefunden hat, es immer noch ankündigen, als käme der Feuerschlucker ins verlassene Städtchen?

Andererseits ist Improtheater tatsächlich ein bemerkenswertes Handwerk und in vielen Fällen eine bewundernswerte Kunst. Sollte man diese erstaunliche Fähigkeit nicht entsprechend präsentieren?

Dabei geht es um mehr als um Präsentation und Werbung. Es geht um die Frage, was für ein Verständnis wir von der Show haben, in der wir spielen, die wir planen und der wir ein Format geben.

Wir genießen Improtheater auf verschiedenen Ebenen:

- Wir genießen die Spontaneität als eigenen Wert. Es ist einfach unterhaltsam, jemandem zuzusehen, wie er im Moment kreativ wird, wie er mit Spielregeln und formalen Grenzen umgeht.

- Wir erfreuen uns an dem dabei entstehenden Inhalt, sei er absurd oder herzzerreißend, schlicht komisch oder sozial ambitioniert.[13]

Beide Ebenen können künstlerisch wertvoll oder grottig sein. Die Frage ist nur, welche Ebene in den Vordergrund gerückt wird, sei es in der Werbung oder in der Show selbst.

Als Faustregel kann man sagen: Je game-lastiger eine Show ist, umso sinnvoller ist es auf den spontanen Charakter der Show hinzuweisen. Wenn ihr klassische Impro-Spiele aufführt, die eure Spontaneität betonen, wie Armrede, Ein-Wort-Geschichte, Sitzen/Stehen/Liegen,[14] könnt ihr das ruhig auch in den Fokus rü-

---

[13] Als Zuschauer freut man sich natürlich auch an den Impro-Spielern selbst, die sich einer Aufgabe stellen, die für die meisten mit Angst verbunden ist: Sich vor den Augen anderer ins Unbekannte zu stürzen.

[14] Armrede: Ein Spieler hält eine Rede, während ein zweiter von hinten die Arme dieser Figur spielt. Dieses erstmals von Keith Johnstone beschriebene Spiel ist in zahlreichen Varianten bekannt.
Sitzen/Stehen Liegen: Aktionsbetontes Aufmerksamkeits-Spiel für drei Spieler. In der

cken. Niemand wird in einer Klau-den-Hut-Szene[15] einen tiefsinnigen sozialen Kommentar erwarten. Wenn ihr andererseits scharfe Comedy aufführt, wenn ihr Storys, tanzorientiertes Improtheater oder Langform-Impro spielt, kurz, wenn Improvisation *ein Vehikel* ist, das Storys, ästhetische Formen, Kabarett, absurdes Theater usw. erschafft, dann könnt ihr das auch ruhig benennen.[16]

1.5.2 Moderation und Animation

Wir werden später noch das Thema Moderation diskutieren. An dieser Stelle möchte ich fragen: Warum werden 99 Prozent der Impro-Shows *überhaupt* anmoderiert? Warum wird selbst in Shows, bei denen das Publikum höchstens zwei, drei Mal etwas beizusteuern hat, ein so großer Wert auf langandauernde Publikums-Animation gelegt?

Moderation und teilweise auch Animation sind durchaus sinnvolle Techniken in bestimmten Shows. Theatersport etwa ist ohne Moderation überhaupt nicht denkbar. Und wenn man den Eindruck hat, dass das Publikum steif oder müde ist, lohnt sich eine kurze Animation.

Allerdings sind Moderation und Animation durch die Verwandtschaft des Improtheaters mit Comedy und durch die langjährige Dominanz von Theatersport oder extrem interaktiven Forma-

---

Szene muss immer ein Spieler stehen, einer sitzen, einer liegen. Die Positionen werden handlungsorientiert gerechtfertigt.

[15] Klau-den-Hut: Spiel für 2-3 Spieler, die einen Hut mit Krempe tragen. Man spielt eine Szene und versucht dabei, den Hut des anderen zu klauen, ohne dass er einem selbst abgenommen wird. Wem der Hut geklaut wird oder wer vergeblich nach ihm langt, scheidet aus. Die Hüte dürfen nicht Thema der Szene sein.

[16] Das bedeutet natürlich nicht, dass Improvisation und Spontaneität in der zweiten Kategorie eine geringere Rolle spielen. Der Fokus für Publikum und Spieler ist lediglich ein anderer. Hat der Jazz-Pianist Keith Jarrett bei der Ankündigung seiner Konzerte je damit geprahlt, dass alles improvisiert sei? Oder, um ein Beispiel aus der Comedy zu nehmen: Auch Helge Schneiders Auftritte sind zu einem großen Teil improvisiert. Nirgends in seinen Shows wird das auch nur ansatzweise thematisiert, es versteht sich von selbst.

ten vielfach zu einem Selbstläufer geworden. Es „gehört eben dazu". Fragt euch *zuerst,* welche Show ihr spielen wollt und richtet *daran* euren Auftritt aus. Wenn ihr eine Langform spielen möchtet, für die nur zwei, drei Vorschläge vom Publikum nötig sind, dann braucht ihr auch kein Ruft-uns-Vorschläge-rein-Aufwärmen. Applaus-Warm-Up sehe ich in zwei Situationen angemessen:

- wenn das Publikum durch differenziertes Klatschen Szenen oder Spieler bewerten soll,
- wenn Improtheater im Rahmen einer Gala oder eines größeren Events stattfindet, mit anderen Worten, wenn wir es mit einem besonders großen und/oder steifen Publikum zu tun haben.

Vielleicht kommt ihr sogar an einen Punkt, an dem ihr euch sagt: Wir brauchen *überhaupt* keine Moderation. Besonders bei Langform-Impro ohne Publikumsbeteiligung erübrigt sich im Grunde eine Aufwärm-Moderation. Das Chicagoer Duo *TJ & Dave* begrüßt lediglich kurz das Publikum und beginnt dann unmittelbar mit der Improvisation. Die inzwischen aufgelöste Berliner ImproGruppe *Zen tá B.,* die in ihren Shows völlig dem Flow des Entstehens vertraute, verzichtete auf jegliche Ansage und begann stattdessen unmittelbar aus der Bewegung der im Publikum verteilt sitzenden Spieler. Bewegungsorientierte Sub-Genres wie Tanztheater-Impro oder „Action Theater" werden ebenfalls nur selten anmoderiert.

1.5.3 Einzählen

Aus der Theatersport-Forderung, die Spieler mögen nicht zu viel Zeit mit dem Suchen von Requisiten oder gar mit Überlegen verschwenden, entstand die Konvention, die Jury fünf Sekunden einzählen zu lassen – eine Aufgabe, die später dem Publikum übertragen wurde. Keith Johnstone hat sich über dieses Ritual ambivalent geäußert.

Jeder, der es mal erlebt hat, wie ein ganzer Saal kraftvoll ge-meinsam einzählt, hat diese Wucht schätzen gelernt. Es schweißt das Publikum zusammen, ähnlich wie das Applaudieren oder über-haupt jede gemeinsame Aktion. Ich sehe aber auch Nachteile:

- Das Ritual ermüdet sich im Laufe des Abends. Der zehnte Countdown ist meist längst nicht mehr so kräftig wie der erste.
- Wenn man längere Szenen oder Storys spielt, wirkt das Ein-zählen etwas künstlich.
- Einzählen versetzt unter Umständen sowohl den Spieler als auch das Publikum selbst unter Stress. Wenn etwa ein Spie-ler eine ruhige Szene beginnen möchte, die sich langsam, wortlos und aus kleinen Gesten heraus entwickeln soll, dann könnte er bei einem derartig gewaltigen Count Down ent-mutigt werden und in sinnlose Hektik verfallen.

1.5.4   Selbstpräsentation

Die Art, wie man die Bühne betritt, sollte mit der Show korres-pondieren, die man spielt. Im Theatersport und bei game-orientier-ten Shows, die die Spontaneität selbst in den Vordergrund rücken, kann man ruhig etwas von seiner überbordenden Energie, seinem Mut und seiner guten Laune zeigen. Strahlt, lächelt, seid beweglich! Nicht umsonst heißt es Theater*sport*.

Diese Form der Selbstdarstellung kann aber auch zu einem Selbstläufer geraten, der in bestimmten Show-Formaten unange-messen wirkt. So sah ich vor einer Weile eine Impro-Show, die komplett im Horror-Genre aufgeführt wurde. Alles war wunderbar gespielt, das Genre sehr gut getroffen, man fieberte mit den Cha-rakteren mit. Aber die schaurige Schönheit wurde völlig inadäquat von der Präsentation kontrastiert: Ein lustiger Impro-Jingle leitete die Show ein, die Spieler sprangen mit Akrobaten-Gestus auf die Bühne, das Publikum wurde wie für ein Theatersport-Match aufgeheizt. Wozu? Nichts davon korrespondierte mit dem, was man danach zu sehen bekam.

In manchen Fällen präsentieren sich Gruppen steif und übermäßig formell. Abgesehen von völlig verschüchterten Anfängergruppen gibt es dieses Problem eher im Rahmen von Businesstheater oder wenn Impro-Gruppen sich auf Galas oder Ähnliches begeben. Auch wenn ihr vor Anzugträgern auftretet, heißt das nicht, dass *ihr* so aussehen müsst. Banker erwarten auf der Bühne keine Leute, die wie Banker aussehen, sondern Schauspieler. Grundregel: Bleibt beweglich.

Scannt eure Show nach überflüssigen Elementen ab. Entschlackt und trennt euch von allem, was ihr nicht braucht. Passt eure Selbstdarstellung an das an, was eure Show benötigt. Beobachtet, was bei anderen Gruppen funktioniert. Probiert aus, verwerft und probiert neu. Prüft und entscheidet dann, was zu euch passt. Solch einen Show-Scan kann man wie eine Betriebsinventur in regelmäßigen Abständen als Gruppe durchziehen. Was hat sich bewährt? Womit fühlen wir uns wohl? Was können wir über Bord werfen? Hat sich unser Spielen vielleicht so geändert, dass wir eine neue Art der Präsentation brauchen?

1.6   Das Drumherum und Zwischendrin

Eine Show besteht nicht nur aus dem, was präsentiert wird, sondern auch aus dem, *wie* es präsentiert wird. Dazu gehören kleine Dinge wie die Einlassmusik, wiederkehrende kleine Show-Elemente, die Selbstdarstellung. Wenn wir die Show als das Geschenk fürs Publikum verstehen, so sind diese Teile das Geschenkpapier und die Dekoration.

Weniger ist hier oft mehr. Wenn ihr euch um das Drumherum Gedanken macht, geht es also nicht unbedingt darum, möglichst viele kleine Dinge zu finden, mit denen man die Show aufhübschen kann, sondern den Rahmen möglichst passend zur Form der Show und zu den Möglichkeiten zu gestalten.

Die Berliner Impro-Gruppe „Die Gorillas" standen bei ihrer Show „Gurke oder Banane" (eine Variante des Johnstone-schen Formats „Gorilla Theater") vor dem Problem, dass sie – entgegen dem originalen Format – nur zu dritt auftreten wollten, d.h. ohne zusätzlichen Moderator. Andererseits verlangt das Format einen Moderator. Sie lösten das elegant, mit Humor und genau der angemessenen Prise Albernheit: Einer der Spieler betritt zu Beginn der Show mit extravagantem Jackett, riesiger Brille und blonder Perücke als „Ihr Moderator" die Bühne. Im Laufe des Abends wechseln sich die Spieler mit diesem Kostüm ab und suggerieren augenzwinkernd eine scheinbare Kontinuität des Moderators.

1.6.1   Einlass- und Intro-Musik

Viele Gruppen, vor allem solche, die in Cafés spielen, überlassen die Auswahl der Einlassmusik dem Barpersonal, die dann eine Playlist, die dort sowieso immer läuft, einlegen. Die Musik, die der Zuschauer hört, wenn er die Räumlichkeit betritt, ist einer seiner ersten Eindrücke. Sie stimmt ihn ein auf das, was ihn erwartet. Seid ruhig ein bisschen wählerisch und zeigt Geschmack. Einlassmusik sollte das Publikum heiter stimmen. Vermeidet deprimierende Indie-Musik oder komplizierten Jazz.

Als Intro-Jingle, d.h. als kleines einläutendes Musik-Stück vor der Show, eignen sich kurze, vielleicht signalartige Stücke, die sich musikalisch von der Einlassmusik abheben. Wenn man einen Impro-Musiker im Team hat, der das Intro spielen möchte, umso besser. Theater kommt natürlich auch gut und gern ohne Intro-Musik aus. Man halte das nicht für zwingend. Aber gerade bei komödiantischen und interaktiven Formaten wird man als Zuschauer durch musikalische Intros gut eingestimmt.

Musikalisch sollte man von allem die Finger lassen, was als Intro abgegriffen ist oder zu Tode geritten wurde, insbesondere bekannte Fernseh-Jingles, aber auch tausend Mal genutzte Stücke wie „Oh Fortuna!" aus Orffs *Carmina Burana* und „Sonnenaufgang" aus *Also sprach Zarathustra* von Richard Strauß. Wenn ihr nach Themen sucht, wird man rasch fündig in kurzen, schnellen Stücken der Wiener Klassik – Haydn oder Mozart – oder bei unbekannteren Perlen des Instrumental-Pop&Rock.

Das Intro sollte nicht länger gehen als anderthalb Minuten (also die doppelte Zeit, die die Zuschauer von der Bar bis zu ihren Sitzen brauchen). Wenn vorher das Licht abgedunkelt ist und den Zuschauern schon auf diese Weise der Anfang signalisiert wird, dann genügen auch zehn Sekunden.

1.6.2 Vorspiel/Teaser

Im klassischen Theater war das Vorspiel sehr verbreitet. Man denke an „Faust": Ein Vorspruch, ein Vorspiel vor dem Theater, ein Vorspiel im Himmel. Aus irgendeinem Grund ist das Vorspiel im Improtheater nicht sehr weit verbreitet.

Ein Teaser ist eine spezielle Form, die Aufmerksamkeit des Publikums zu gewinnen. Das kann zum Beispiel eine kleine Bewegungs-Impro sein, auf die die Zuschauer, die vielleicht noch im Gespräch mit ihren Sitznachbarn sind, erst nach und nach aufmerksam werden. Oder ein Gespräch, das einer der Spieler mit einigen Zuschauern beginnt und das langsam die Aufmerksamkeit der anderen Zuschauer auf sich zieht. Oder man bittet einige der Zuschauer von der Bühne aus ohne Worte um Gegenstände, die in die spätere Impro eingebaut werden.

Es liegt nahe, dass ein solcher Teaser nicht unbedingt die volle Aufmerksamkeit des gesamten Publikums hat oder haben muss. Er kann auf die folgende Show einstimmen oder auch sanft den Fokus des Publikums auf die Bühne richten.

1.6.3 Warm-Up-Nischen/Slots

Vor allem in den USA ist es an einigen Theatern üblich, anderen Comedy- oder Impro-Gruppen eine Warm-Up-Nische oder einen

„Slot" zu reservieren. Vor dem Hauptteil tritt eine andere Gruppe mit ein, zwei Games auf, erstens um das Publikum aufzuwärmen und zweitens um sich selbst und die eigene Show zu bewerben.

Aus Zuschauerperspektive ist das eine äußerst sympathische Geste, selbst wenn einem die „Vorband" nicht hundertprozentig zusagt. Es signalisiert dem Publikum, dass Impro-Gruppen einander nicht als Konkurrenz wahrnehmen, sondern sich als große Gemeinschaft verstehen.

2 MODERATION

2.1 Es geht um die Show

Moderation ist kein Selbstzweck. Das heißt, wenn du moderierst, geht es nicht um dich, sondern um die Show. Du bist nicht der Star der Show, sondern du dienst ihr. Manche Moderatoren versuchen, größer zu sein als die Show oder witziger als die Szenen. Damit polieren sie vielleicht ihr Ego. Aber, selbst wenn es im Einzelfall gelingen mag, sich beim Publikum auf diese Weise beliebt zu machen, dient das weder dem Improtheater noch ist es besonders kollegial gegenüber den Mitspielern.

Sei du selbst. Vermeide es, den gekünstelten Tonfall und die schablonenhaften Redensarten anderer „professioneller" Moderatoren zu übernehmen. Auf „Meine Damen und Herren", das ohnehin oft nur noch als „Meinedamunterrn" heruntergeleiert wird, kann man ganz verzichten.

Hab gute Laune, ohne aufgekratzt zu sein. Finde deine positives Ich und leg noch 10 Prozent Positivität obendrauf.

Als Moderator bist du der Anker der Show. Das heißt, wenn etwas schiefläuft, wissen die Zuschauer: Dir können sie vertrauen. Du bringst die Sache wieder ins Lot. Du hältst den Laden zusammen.

2.2   Liebe dein Publikum

Was immer auch geschieht – liebe dein Publikum! Wenn man sich eine Weile auf den Bühnen der Comedy und der Kleinkunst bewegt, wird man immer wieder mal auf Künstler stoßen, die sich herablassend über die Zuschauer äußern: Sie seien heute zu dumm, zu lau, zu müde usw. Oft haben solche Künstler dann auch eine gewisse abgeklärte Art auf der Bühne, die sie dann als „professionell" bezeichnen. Vergesst nicht: Das Publikum ist wegen euch gekommen. Es möchte einen schönen Abend erleben. Einzelne Zuschauer sind vielleicht müde oder kommen etwas schlechtgelaunt von der Arbeit. Denkt daran, dass ihr auf der Bühne steht, um sie glücklicher nach Hause zu schicken als sie gekommen sind.

Zwar kann man sich als Moderator mit einigen Manierismen über die Zeit retten, man kann auch durch reine Moderationstechnik das Publikum zum kollektiven Klatschen und zu Jubelstürmen bringen. Aber nicht selten wird man irgendwann ein etwas schales Gefühl hinterlassen, wenn die Zuschauer spüren, dass es dem Moderator mehr um sich selbst als um das Publikum geht.

„Liebe dein Publikum" bedeutet also nicht, dass du dich beim Publikum grinsend einschleimen, sondern tatsächlich eine Zuneigung *empfinden* sollst. Freue dich im Backstage auf deinen Auftritt. Fokussiere dich auf die Freude, Freude zu verbreiten. Wenn es dir aus irgendeinem Grund schwerfällt, vielleicht weil Leute im Publikum sitzen, die du nicht magst oder die dich einschüchtern, dann fokussiere auf Zuschauergruppen, die du sympathisch findest. Sei überzeugt davon, dass Improvisationstheater die Herzen der Zuschauer öffnen wird und steigere dich mit ihnen in die Vorfreude.

Emotionen übertragen sich grundsätzlich von der Bühne aufs Publikum. Deine Unsicherheit wird die Zuschauer verunsichern. Deine Arroganz macht sie aggressiv. Deine Hibbeligkeit macht sie nervös. Aber umgekehrt wird deine Selbstsicherheit dazu führen, dass auch sie sich wohl fühlen. Deine Vorfreude springt auf sie über. Dein Wohlwollen wird von ihnen reflektiert.

Kurz gesagt: Liebst du sie, lieben sie dich!

2.3 Bühnenpräsenz

2.3.1 Ankommen

Bevor du die Bühne betrittst, komm bei dir selbst an. Oft hat man einen weiten Weg zurückgelegt, ist in Gedanken noch oder schon woanders, aber selten ist man, wenn man irgendwo ankommt, im eigenen Körper. Suche dir eine Stelle, wo du zu dir selbst finden kannst. Lockere dich. Schüttel deine Gliedmaßen aus. Lockere dein Gesicht. Beobachte deinen Atem.

Öffne dich. Brust raus, Bauch rein. Nimm die Öffnung des Körpers und der Sinne wahr.

Komme im Raum an. Wenn du die Möglichkeit hast, vor der Show auf dem Podium oder der Bühne zu laufen – tu es. Blicke frei geradeaus. Habe einen sicheren Tritt. Spüre deinen Atem beim Gehen, ohne dich zu forcieren. Wie klingt der Raum? Mache einen Soundcheck ohne Mikrofon. Spiele mit dem Klang – laut und leise, intensiv und extensiv, hoch und tief. Gewinne ein positives Verhältnis zum Raum. Stell dir vor, du seist ein Gott und hättest diesen Raum geschaffen, mit all seinen schönen Seiten und seinen abgenutzten Elementen; erfreue dich an ihnen.

Komme bei den Kollegen an. Begrüße sie herzlich. Merke dir ihre Namen. Was eint euch?[17]

Der Raum gehört dir. Habe einen sicheren Stand (Fersen auf dem Boden, Knie leicht gebeugt). Nutze die Größe der Bühne.

Eine offene Körperhaltung, das Halten von Blickkontakt und das Einnehmen des Raumes über mindestens zwei Minuten erhöhen den Spiegel des Testosteron (Dominanz-Hormon) und senken den des Kortisol (Stress-Hormon).

2.3.2   Kontakt zum Publikum

Was auch immer du inhaltlich zu sagen hast, es ist nur halb so wichtig wie der Kontakt zum Publikum. Die Zuhörer wollen erkennen, dass sie gemeint sind.

Halte Blickkontakt. Wir neigen dazu, zum Boden oder zur Decke zu schauen, wenn wir nachdenken und das Hier und Jetzt verlassen. Vertrau darauf, dass du den Inhalt gut genug kennst und dir die Zuhörer ein „Ähm" oder eine kleine grammatische Ungenauigkeit im Satz verzeihen. Bei einem kleinen Publikum von 10-40 Zuschauern kann man Einzelnen wirklich ab und zu in die Augen schauen. Größere Zuschauergruppen teilt man am besten in Blöcke ein und wendet sich ihnen immer wieder abwechselnd zu.[18]

Tappe nicht in die Falle, einzelne Zuschauer zu bewerten oder zu etikettieren („Der Schlauberger", „Der Querulant", „Der Zwischenrufer", „Der Witzbold" usw.). Meistens wollen sie ja auch dasselbe wie du – nämlich eine angenehme Show.

Lächle. Wenn dir das unpassend vorkommt, lächle trotzdem. Finde Gründe dafür: Die sympathische Zuschauergruppe in der

---

[17] Selbst bei Gelegenheiten wie Podiumsdiskussionen, bei denen man Menschen trifft, die andere Meinungen vertreten, verbindet einen zumindest die Leidenschaft für das Thema.

[18] Eine innere Vorstellung könnte sein, das Publikum wie mit einem Fischernetz, das man auswirft, einzufangen. Oder: Man teilt ein großes Publikum in Sträuße und fliegt wie eine Hummel bald zu diesem, bald zu jenem Strauß.

ersten Reihe, die Komik der letzten Szene, die Freude, über das Thema reden zu dürfen, usw. Und selbst wenn du ohne Grund erst einmal eine Weile lächelst, wird dein Hirn dir durch die Endorphin-Ausschüttung schon einen Grund vermitteln.

Die Stimme sollte möglichst unangestrengt eine Schwingung beim Zuhörer in der letzten Reihe hervorrufen. Wenn das nicht ohne andauerndes Rufen gelingt, braucht man wahrscheinlich ein Mikrofon oder sollte an seiner Stimmnutzung und Sprechtechnik arbeiten.

Bei Fragen ans Publikum sei dir darüber im Klaren, welche Art von Antwort du erwartest. Willst du zum Beispiel ein Handzeichen, so sage das nicht nur, sondern hebe deinen Arm als zu kopierende Geste, um die Hemmschwelle des Sich-Melden-Müssens zu senken. Wenn du möchtest, dass die Zuhörer aus verschiedenen Ecken Meinungen oder Antworten hereinrufen, so musst du sie auch dazu ermutigen. Zum Beispiel: „Bitte ruft alle auf *Drei* euren Geburtsort! Eins! Zwei! Drei!" Manche Antworten werden sinnvollerweise nur von einer Person gegeben. Sprich Personen an, die Augenkontakt halten, die die Arme nicht verschränken und lächeln. Bewege dich ruhig. Halte die Hemmschwelle des Antwortens niedrig, statt die Frage als gefährlich zu markieren. Wenn man etwa sagt: „Ich hoffe, es ist Ihnen nicht unangenehm, wenn ich Sie nach Ihrem Namen frage", dann wird die befragte Person eher misstrauisch.

2.3.3 Arme und Hände

Die Hände sind zwar bei Rednern häufig ziemlich auffällig, aber meistens nur, wenn sie mechanisch und unnatürlich eingesetzt werden. Ich glaube, die Bedeutung der Handbewegungen wird überschätzt. Entscheidend sind Schultern und Ellbogen. Habe die Schultern frei, die Ellbogen leicht vom Körper entfernt. Wenn du dann locker sprichst, dann werden sich die Hände schon natürlich bewegen. Es kommt gar nicht darauf an, viel oder wenig zu gestikulieren, das ist in erster Linie eine Frage des Typs und des Temperaments. Manche unterstreichen ihre Rede mit fast pantomimisch wirkenden Gesten, andere mit wenigen ruhigen Akzenten. Beides ist OK. Einstudierte Hand-Gesten wirken hingegen meist aufgesetzt.

2.3.4 Rede

Für die rein äußerliche Wahrnehmung der freien Rede sind folgende Punkte wichtig, die wir als Zuhörende auch in einer Fremdsprache erkennen würden:

- Beende deine Sätze.
  Senke die Stimme am Ende des Satzes ab. Die Angewohnheit, Aussagesätze, mit der Stimme nach oben zu beenden (so als würde etwas aufgezählt werden), ist für den Zuhörer anstrengend. Die meisten Sprecher sind sich dieser Angewohnheit überhaupt nicht bewusst, selbst wenn man sie darauf hinweist. Das Stimme-Senken lässt sich glücklicherweise leicht üben – im Alltag, in Gesprächen, bei Vorträgen. Dafür muss man keine teuren Workshops buchen. Erzähl einfach deinem Smartphone eine Geschichte und nimm dich dabei auf. Höre auf die Satzenden. Um den Sinn für Satzenden zu verschärfen, kann man nach jedem Satz einmal ein- und ausatmen.
- Wenn du Applaus hervorrufen möchtest, denke deine Sätze mit Ausrufezeichen. Erhebe deine Stimme und akzentuiere die letzten ein bis zwei Wörter:
  „Am Klavier sitzt heute PEGGY PIANO!"
  „Wir bedanken uns bei Ihnen und wünschen Ihnen noch einen angenehmen Abend. BIS BALD!"
- Wenn du zum Äh-Sagen neigst, fokussiere dich weniger auf die einzelnen Worte, sondern mehr auf die Kommunikation und den Inhalt. Ein weiterer Trick ist, auch die Rolle des

Moderators als „Rolle" aufzufassen und mit Haltung zu sprechen.[19]

2.3.5 Charme und Verbundenheit

Der Moderator ist das Bindeglied zwischen Publikum und Show. Vor allem in Impro-Formaten mit hoher Publikumsbeteiligung wie „Theatersport" sollte sich der Moderator ganz klar auf die Seite des Publikums stellen. Er durchbricht sozusagen die vierte Wand. Er muss:

- das Publikum begrüßen,
- das Showprocedere erklären,
- das Publikum bei Laune halten,
- nach Vorschlägen fragen,
- die Regeln der einzelnen Games erklären,
- Punktestände markieren,
- das Publikum verabschieden,
- und er ist für sämtliche weitere Kommunikation mit dem Publikum verantwortlich.

Er muss in der Lage sein, Störungen und Irritationen durch unvorhergesehene Ereignisse aufzufangen: Zwischenrufe aus dem Publikum, ein kaputter Scheinwerfer, eine zeitlich überzogene Szene, ein Missgeschick auf der Bühne.

Das alles wird ihm nur gelingen, wenn er sich mit dem Publikum wirklich verbunden fühlt. Es hat sich im Theatersport teilweise eingebürgert, dass der Moderator als Character auftritt. Dagegen ist im Prinzip nichts einzuwenden, allerdings verbaut man sich dadurch teilweise die wirkliche Verbundenheit mit dem Publikum. Richtig schwierig wird es jedoch, wenn die Rolle ein „lustig" unangenehmer Typ ist – genervter Hausmeister, schlechtgelaunter Clown, verpeilte Hausfrau. Das Problem ist nämlich, dass jede Art

---

[19] Äh-Sager sagen als Figur selten „Äh" in einer Szene.

von Negativität (auch die ironische) eine negative Resonanz erzeugt. Außerdem tendieren solche „Rollen" dazu, die Aufmerksamkeit mehr auf sich zu lenken statt auf das Bühnengeschehen.

Als Zuschauer ist man ja zunächst mal mehr oder weniger offen für das, was auf der Bühne geschehen wird. Aber manche Zuschauer fürchten sich auch ein wenig. Gerade bei Comedy-Shows („Hoffentlich macht niemand Witze über mich") und Impro-Shows („Hoffentlich muss ich nichts sagen oder werde gar auf die Bühne gezwungen").

Die Funktion des Moderators zu Beginn einer Show besteht also vor allem darin, die Zuschauer an die Hand zu nehmen, ihnen klarzumachen, dass er auf ihrer Seite ist. Das bedeutet natürlich nicht, dass man einen aalglatten Moderator braucht, der akademisch seinen Job macht.[20] Wenn man mit der richtigen Energie an die Sache herangeht, kann man als Moderator selbst auch mal für Irritationen sorgen und die Spielregeln sprengen, die Rolle des Zuschauers einnehmen oder die Distanz zu den Zuschauern krass verringern. Wenn die Verbundenheit stark genug ist, kann er das Publikum auch necken! Wohlgemerkt „necken", nicht verspotten. Als Moderator ist es leicht, das Publikum gegen einen Zuschauer zu lenken, etwa weil dieser einen „dummen" Vorschlag eingerufen hat, eine Bierflasche umgekippt hat, zu spät gekommen ist usw. Geht mit euren Zuschauern behutsam um. Bedenke: Niemand möchte vor anderen beschämt werden. Wenn du das Publikum aufziehst, sollte die Zuneigung nie verlorengehen. Beschäme nie einen einzelnen Zuschauer. Necke nur jene, die es auch zu nehmen wissen. Necke nur, wenn du dir sicher bist, dass du alle bereits auf deiner Seite hast. Ziehe niemanden für etwas auf, was er, nachdem er gefragt wurde, geäußert hat. Der Moderator sollte sogar einzelne Zuschauer vor dem Mob „Publikum" in Schutz nehmen, etwa wenn einer ausgelacht wird, weil er auf die Frage nach seinem Studienfach „BWL" antwortet (was vom Publikum regelmäßig belacht

---

[20] Man schaue sich mal alte Fernsehsendungen mit Robert Lemke, Wim Thoelke oder Frank Elstner an, deren Risikovermeidung heute geradezu ängstlich wirkt.

wird). Die Geschmacksgrenzen fürs Necken liegen bei jedem anderswo. Bleib charmant, liebe dein Publikum, versuche nicht, jemand anderes zu sein.

2.3.6 Sich aufs Publikum einstellen

Eine Anmoderation, die auf die immer selbe Art und Weise durchgezogen wird, unabhängig davon, ob nun fünfzehn oder zweihundert Zuschauer im Publikum sitzen, unabhängig davon, ob jugendliche oder alte Zuschauer dominieren, ob eher Stammzuschauer oder Touristen anwesend sind, mag „professionell" (im Sinne von „einstudiert") wirken, aber eben auch steril.

Größe des Publikums

In einer Show in New York sah ich einmal, wie der Moderator sein vierköpfiges Publikum anheizte als sei er im vollbesetzten Apollo Theater. So bewundernswert ich es empfand, dass die zehnköpfige Impro-Gruppe ihre Show vor einem so kleinen Publikum aufführte, so kam ich mir doch *vom Moderator* nicht wahrgenommen vor.

In Berlin wiederum habe ich es erlebt, dass der Moderator an einem ziemlich schlecht besuchten Abend eines Theaters mit 150 Plätzen zu Beginn von der Bühne herabstieg und jeden der zehn Zuschauer mit Handschlag persönlich begrüßte. Auf diese Art drehte er die für alle wahrnehmbare Tatsache, dass das Haus nicht gut besucht war, um und deutete sie positiv.

Zusammensetzung des Publikums

Lerne, dein Publikum zu „lesen". Wenn du regelmäßige Shows spielst, wirst du bald herausfinden, ob deine Zuschauer eher Gelegenheitsbesucher oder Stammzuschauer sind, ob sie aus der Gegend kommen oder Touristen sind, ob sie eher jung sind, alt oder gemischt.

Je höher der Anteil der Stammzuschauer ist, umso eher hast du die Chance, Rituale aufzubauen, die nicht weiter erklärt werden müssen oder Insider-Gags zu platzieren. Wenn ihr etwa, wie vielerorts üblich, die „Theatersport"-Jury scherzhaft ausbuhen lasst, so kann das mit einem Publikum mit hohem Stammzuschaueranteil durchaus zum Selbstläufer werden.

Einem Publikum, das hauptsächlich aus Stammzuschauern besteht, muss man nicht noch „erklären", worum es geht, was Improtheater ist und so weiter. Andererseits schadet es nicht, ein heterogenes Publikum oder ein Publikum mit einem hohen Anteil an Neulingen eher darüber aufzuklären, was auf es wartet. Das ist besonders der Fall, wenn wir Shows spielen, die die Mitwirkung des Publikums erfordern, also Vorschläge einrufen, Abstimmungskarten hochhalten, abgestuft applaudieren usw.

Auch kann man davon ausgehen, dass bestimmte Zuschauer sich eher zum Mitmachen verleiten lassen, während andere eher „aufgewärmt" werden müssen. In der Regel sind junge Zuschauer lockerer, ältere etwas verspannter. Auch der Kontext ist zu beachten. Wenn man zum Beispiel eine Show für eine Firma spielt, hängt viel vom Betriebsklima dieser Firma ab. In bestimmten Milieus will man den seriösen Schein eher wahren, anderswo ist die Stimmung ohnehin schon so aufgekratzt, dass das Aufwärmen eher die Funktion hat, die Begeisterung Zuschauer zu fokussieren.

2.4 Die Anmoderation

2.4.1 Begrüßung

Die Dauer und Intensität der Anmoderation richtet sich nach Show-Format und Art des Publikums. Was immer auch sonst noch zu sagen ist, eine anständige Moderation beginnt mit einer Begrüßung.

Wie ihr das Publikum inhaltlich begrüßt, ist dabei relativ egal. „Guten Abend!", „Herzlich willkommen im Deutschen Theater!" oder „Hallo! Hier sind die Impro-Elefanten!"

Ihr solltet nur Eines beachten: Der erste Satz soll nicht zu lang sein. Denn die Antwort des Publikums – sein Gruß zurück – ist der Applaus. Und um den Applaus dürfen wir es nicht berauben. Der Applaus ist nicht allein eine Ehrerbietung für den Künstler, sondern vor allem auch eine Art Selbstvergewisserung des Publikums. Solange geklatscht wird, ist die Welt in Ordnung.[21] Der Anfangs-Applaus kann auch durch Musik herausgefordert werden, ein knackiger Jingle oder ein flottes kleines Musik-Stück lädt oft zum Klatschen ein.

Das Publikum zwanglos zum Klatschen zu bringen, ist eine Kernfähigkeit des Moderators. Jeder hat sicher schon mal dieses quälende Gefühl erlebt, dass man im Publikum bei irgendeiner Preisverleihung, Betriebs- oder Schulfeier oder womöglich auch Impro-Show saß, und man einfach nicht wusste: Soll ich jetzt klatschen oder kommt noch etwas? Falls ihr Anfänger auf diesem Gebiet seid, solltet ihr diesen Punkt unbedingt trainieren.

Übung:

Die Mitspieler (es sollten bei dieser Übung mindestens sechs sein) sind das Publikum. Der Moderator betritt die Bühne und begrüßt die Zuschauer mit einem kurzen, klaren Satz. Die Zuschauer klatschen, wenn sie das Gefühl haben: Jetzt muss ich klatschen. Seid nicht zu höflich. Verlasst euch ganz auf euren Klatsch-Instinkt.

Ein Moderator wird das Klatschen leichter hervorzaubern, wenn er

---

[21] Der Applaus kann auch als milder Jubel betrachtet werden. Und als Moderator kann man diesen erheblich manipulieren. Das merkt man besonders dann, wenn man „Applaus-Stufen" mit dem Publikum trainiert. Ab einer bestimmten Begeisterungs-Stufe versteht man, wie große Redner für Publikumsbegeisterung sorgen und gesorgt haben, fast unabhängig vom Inhalt.

- am Ende seines Satzes die Lautstärke verstärkt,
- den Begrüßungssatz so kurz wie möglich hält,
- ins Publikum strahlt,
- das letzte Wort mit einer klar endenden Geste unterstreicht,
- notfalls selber mitklatscht.[22]

Falls ihr eine Show mit Gästen spielt, stellt diese vor.

2.4.2 Warm Up

Das Warm Up wird oft einfach jeder Show vorangestellt, ohne dass sich die Ensembles je fragen, ob das Publikum überhaupt aufgewärmt werden muss. Ich sehe es so: Die Zuschauer kommen oft von der Arbeit oder ihrem stressigen Alltag. Ein Warm Up kann wie ein Liebesvorspiel das Publikum auf den Akt einstimmen. Beim Improtheater wird das Publikum meist aufgefordert, sich in irgendeiner Weise zu beteiligen – durch Abstimmungen, durch inhaltliche Vorschläge und teilweise auch durch direkte Beteiligung auf der Bühne. Im Gegensatz zu uns Impro-Spielern haben die meisten Zuschauer eine gewisse Hemmung, sich überhaupt in irgendeiner Weise zu äußern. Diese Hemmung gilt es zu lösen, wenn wir eine Publikumsbeteiligung erwarten. Das heißt aber: Es gibt nicht das eine perfekte Standard-Warm-Up.

Wärme den Aspekt auf, um den es geht. Wenn ihr eine Show spielt, in der ihr das Publikum immer wieder nach Vorschlägen und Vorgaben fragt, dann trainiert genau das mit dem Publikum. Das Vorschlags-Warm-Up ist aber unnötig, wenn euer Publikum zu neunzig Prozent aus begeisterten Stammzuschauern besteht, die schon wissen, wie der Hase läuft. Wenn ihr im Laufe eurer Show nur nach ein oder zwei Vorschlägen (oder nach gar keinem) fragt, könnt ihr euch das ebenfalls sparen.

---

[22] Als Moderator selber mitzuklatschen, wirkt für einen selbst seltsam, wenn man es zum ersten Mal macht. Aus Publikumssicht ist es weitaus weniger lächerlich, als man glaubt. Und die ansteckende Wirkung ist beinahe garantiert.

Wenn eure Show aus bestimmten Mitmach-Elementen besteht, wie zum Beispiel Abstimmungsverfahren per Applausstufen, Karten usw., dann solltet ihr das möglichst vorher kurz üben.

Warm Ups haben fast immer einen Hang zur Farce, und das wissen die Zuschauer genauso gut wie der Moderator. Zuschauer sind eigentlich auch nur bedingt daran interessiert, aufgewärmt zu werden. Andererseits wissen wir, dass für einige Games und Formate eine Minimalbegeisterung und ein Minimum an Mitmachwillen erforderlich sind. Wie wärmen wir also das Publikum auf, ohne es „aufzuwärmen"? Ein Mittel wäre eine *kleine Prise* Ironie, die dem Zuschauer zu verstehen gibt: „Ich weiß genauso wie ihr, dass das hier ein kleines inhaltsloses Spielchen ist, aber Spaß macht es trotzdem." Aber Vorsicht – ein Zuviel an Ironie, Distanz und Understatement verdirbt das Warm Up. Wenn man sich als Moderator zu sehr von den Klatsch- und Einruf-Spielchen distanziert, dann funktionieren sie auch nicht. Ein naheliegender Ausweg lautet: Ironische Übertreibung. So könnte ich den Impro-Musiker ankündigen mit: „Er ist gerade auf einer Tournee. Am Montag war er in Las Vegas, am Mittwoch in Paris, gestern in Bad Doberan, und heute Abend ist er hier auf dieser Bühne! Bitte begrüßen Sie mit einem kräftigen Applaus..." Wenn der Moderator die Spieler auf die Bühne bittet, könnte er sagen: „Und hier sind die Schauspieler, die dafür sorgen werden, dass dieser Abend der schönste Ihres Lebens wird."

Gerade in der Frage des Warm Ups gibt es gewaltige Geschmacksunterschiede, und wer sich mit einer ungefilterten Ballermann-Atmosphäre wohl fühlt, sollte sich von mir nicht abhalten lassen, das dann auch durchzuziehen. Scheut euch nicht auszuprobieren, das Warm Up mal krass zu reduzieren. Die Faustregel lautet: So viel Warm Up wie nötig, so wenig wie möglich.

2.4.3 Aufwärm-Spiele

Die hier genannten Aufwärmungen sind nur eine kleine Auswahl an Möglichkeiten und gewiss auch nicht jedermanns Geschmack. Die hier genannten Spiele beschreibe ich auch eher in ihrer „reduzierten" Form. Gags, die auf das Spiel aufgesetzt werden, nutzen sich rasch ab, besonders wenn sie von mehreren Gruppen benutzt werden. Findet hier eure eigene Sprache. Und vergesst nicht: Beim Aufwärmen ist weniger meist mehr.

Einrufen üben

Das Einrufen von Vorschlägen sollte zumindest dann geübt werden, wenn das Publikum unerfahren oder zurückhaltend ist. Es ist auch nur dann sinnvoll, wenn die Zuschauer tatsächlich immer wieder Vorschläge einrufen sollen und nicht wenn das nur einmal am ganzen Abend gefordert wird. Es geht bei diesem Aufwärmen also eher darum, die Zuschauer aufzulockern und selber spontan zu sein. Am besten funktioniert das, wenn alle gleichzeitig rufen und mit Fragen, die einfach sind und „ungefährlich" erscheinen:

> „Ruft bitte auf *Drei* eure Schuhgröße! Eins! Zwei! Drei!"[23]

> „Jetzt bitte auf *Drei* ein afrikanisches Wildtier! Eins! Zwei! Drei!"

Applaus-Stufen

Die einfachste Möglichkeit, in Abstimmungs-Formaten wie Quintett,[24] Maestro oder Theatersport, diese Abstimmungen durchzuführen, ist der differenzierte Applaus. Es liegt nahe, diese Applaus-Stufen vorher mit den Zuschauern kurz zu üben (*nach* der Erklä-

---

[23] Die Frage nach der Schuhgröße wird fast immer lauter beantwortet als etwa die Frage nach dem Vornamen.

[24] Auch „5-4-3-2-1" oder „Superszene" genannt. Hier stehen fünf Szenen zur Auswahl, die sich immer wieder der Abstimmung des Publikums stellen müssen, und nach jedem neuen Durchgang wird eine Szene eliminiert.

rung des Formats). Erstens haben sie somit schon mal die unterschiedliche Dynamik erfahren und selbst dazu beigetragen und zweitens erhöht es die gute Laune.

Das Publikum wird dann aufgefordert in drei oder vier Stufen differenziert zu klatschen, zum Beispiel: „Wenn Sie eine Szene gesehen haben, deren schauspielerische Finesse einer Kindergarten-Aufführung gleicht, wie wäre dann Ihr Applaus?" Oder: „Wenn Sie eine Szene gesehen haben, die so gut war, dass sie Ihr Leben verändern wird, wie klatschen Sie dann?"

Applaus-Wettbewerb

Der Applaus-Wettbewerb ist ein alter Moderatoren-Trick, um das Publikum in gute Laune zu versetzen. Dafür teilt man das Publikum in zwei Hälften (zum Beispiel linke und rechte Hälfte oder Frauen und Männer). Man lässt zunächst die eine Hälfte applaudieren und fordert dann die andere dazu heraus, dieses Applaus-Niveau zu überbieten. (Das bietet sich in Kurzform-Shows an, wenn das Publikum zunächst noch verhalten ist. In einer Langform-Show, wenn ohnehin nicht andauernd immer wieder geklatscht werden soll, wäre dieses Warm Up nicht angebracht.)

Geräusche

Wenn sich das Publikum in einer Shows aktiv beteiligen soll, zum Beispiel durch Geräusche oder Gesang, liegt es nahe, das vorher mit ihm zu üben: „Wie würde es klingen, wenn wir uns in einer Druckerei befinden?" „Und jetzt eine Frühlingswiese." „Ein Schwimmbad."

Stimmungskanone

In Impro-Shows mit Punkte-Vergabe kann man einen Verantwortlichen im Publikum festlegen, der durch eine bestimmte Aktion einen Bonus-Punkt vergeben kann. Zum Beispiel kann das jemand in der ersten Reihe sein, der nach einer für seinen Geschmack besonders gelungenen Szene aufsteht und die Arme hochreißt, um so das Zeichen für eine Publikumswelle („La Ola") zu geben.

2.4.4 Erklärung der Show oder des Formats

Haltet euch nicht zu lange mit der Erklärung dessen auf, was Improvisationstheater überhaupt ist. Dass alles improvisiert ist, geht ohnehin aus der Bezeichnung unseres Genres hervor, in der Regel aber auch aus den Szenen und Games. Längere Erklärungen sind allenfalls bei etwas komplexeren Formaten nötig, bei denen aber die Erklärung des Formats meist in das Warm Up und das Erfragen der Vorschläge übergeht.

Faustregel: Wenn ihr für die Erklärung des Formats länger als dreißig Sekunden benötigt, ist entweder die Erklärung zu weitschweifig oder das Format zu kompliziert.

2.5 Nach Vorschlägen und Vorgaben fragen

Durch Vorschläge und Vorgaben erzeugen wir für die Szenen eine wertvolle Doppelbindung zwischen Publikum und Spielern. Zuschauer freuen sich, wenn ihre Vorschläge eingebaut werden. Spieler wiederum bekommen durch die Vorschläge Inspirationen oder auch die für den Spielimpuls nötige Irritation.[25]

Die Begriffe „Vorgaben" und „Vorschläge" werden in der Impro-Welt manchmal synonym gebraucht, sie sind es aber nicht. Eine Vorgabe ist für die Szene verbindlich. Vorgaben können entweder inhaltlicher Art sein, zum Beispiel: „Die folgende Szene spielt auf einem Schulhof." Oder sie ist eine formale Beschränkung, wie es für klassische Impro-Games typisch ist, zum Beispiel: „In der folgenden Szene werden nur drei Sätze gesprochen." Formale Vorgaben kommen oft vom Moderator oder von den Spie-

---

[25] Siehe *Improvisationstheater. Band 1: Die Grundlagen*

lern selbst. Sie müssen eingehalten werden und markieren eventuell auch die Grenze zwischen Erfolg und Scheitern der Szene.

Vorschläge hingegen sind unverbindliche Angebote des Publikums. Wenn wir einen Vorschlag wie „Wildnis" bekommen, können wir improvisierend entscheiden, ob dieser Vorschlag direkt verarbeitet wird (zum Beispiel zwei Jäger in der Tundra) oder ob er eher metaphorisch aufgefasst wird (zum Beispiel eine Story zwischen zwei Geliebten, die in ihrem Lieben einen wilden Gegenpol zum zivilisierten Alltag sehen). Aber frage ich nach einem Vorschlag und jemand ruft „Wildnis" ein, dann gliche es schon einem Betrug am Publikum, wenn die Szene in einem Klassenzimmer spielt; denn eine eventuell später abgelieferte bauernschlaue Begründung, ein Klassenzimmer wäre ja die heutige Entsprechung der Wildnis, wirkt dann nur noch wie eine als billiger Gag getarnte Ausrede.

Wie man über Vorgaben und Vorschläge eine Bindung zum Publikum aufbaut und welche Art von Vorschlägen sinnvoll ist, werden wir noch in Kapitel 4.3 diskutieren.

Hier geht es um die Frage: *Wie* fragen wir das Publikum nach Vorschlägen? Seid euch darüber im Klaren, dass es die Bühnenangst nicht nur auf der Bühne, sondern auch im Publikum gibt. Die Angst, von anderen für dumm gehalten zu werden, wird noch verschärft durch die furchtbare Angewohnheit von einigen Comedians, jede Äußerung der Zuschauer durch den Kakao zu ziehen.[26]

2.5.1 Kollektives Einrufen

Eine Möglichkeit besteht darin, das Publikum kollektiv aufzufordern, Vorschläge einzurufen. Wenn alle rufen, fühlt sich der Einzelne weniger entblößt. Das funktioniert aber nur, wenn die Frage

---

[26] Sich über Schwächere lustig zu machen, ist ja inzwischen Teil der völlig normalen Fernseh-Unterhaltungs-Industrie geworden. Orientieren sollten wir uns nicht daran. Abgesehen von der ethischen Fragwürdigkeit dieser Formate, brauchen wir ja nachhaltiges Vertrauen der Zuschauer.

so spezifisch ist, dass nicht einhundert Leute gleichzeitig etwas rufen, so dass weder der Moderator noch die anderen Zuschauer den Vorschlag hören. Die Zahl der kollektiv Einrufenden kann man reduzieren, indem man die Aufgabe etwas eingrenzt. Anstatt also zu bitten: „Für die nächste Szene brauchen wir einen Gegenstand", könnte man fragen: „Nennen Sie mir bitte einen Gegenstand mit F."

Da wir auf der Bühne die Vorschläge aus den vorderen Reihen am ehesten hören, tendieren Impro-Spieler dazu, genau diese zu nehmen. Leider hört man gerade diese Vorschläge in den hinteren Reihen oft gar nicht. Als ich einmal nach einem Tierkreiszeichen fragte und jemand in der ersten Reihe „Widder" sagte, wiederholte ich „Widder", woraufhin das Publikum zu meiner großen Irritation in spöttisches Gelächter ausbrach. Es stellte sich heraus, dass von ganz hinten jemand „Jungfrau" gerufen hatte, was für 90 Prozent der Zuschauer die *einzige* hörbare Vorgabe war. Und nun wirkte es so, als hätte ich den Vorschlag bewusst beiseitegeschoben. Seitdem versuche ich, bei kollektivem Einrufen den Vorschlag auszuwählen, den ich von am weitesten hinten gerade noch hören kann.

2.5.2 Persönlich Fragen

Das Publikum als Ganzes zu fragen, hat noch einen anderen Nachteil: Es dringen die Vorschläge der lautesten Zuschauer nach vorn, und das sind nicht immer die schönsten Vorschläge.

Wir können durchaus auch die ruhigeren unter den Zuschauern um Vorschläge bitten. Aber ist die Person überhaupt bereit, etwas zu sagen? Zunächst einmal sollten wir in unserer Körpersprache klar aber sanft sein. Niemand sollte sich überrumpelt fühlen. Wenn wir Sanftheit ausstrahlen, werden auch ruhigere Zuschauer bereit sein, sich zu öffnen.

Wähle Zuschauer aus, die lächelnd deinen Blick erwidern und die nicht die Arme verschränkt halten. Das ist oft eine Garantie dafür, dass diejenige Person prinzipiell mit dir zu sprechen bereit ist. Halte eine bestimmte Distanz zum Zuschauer, den du etwas fragst, d.h. respektiere seine Persönlichkeitssphäre. Wenn du ihm wegen der Akustik ein Mikrofon reichen willst oder mit ihm per Mikrofon in ein Zwiegespräch gehen möchtest, dann mache das so freundlich wie möglich. Fuhrwerke ihm nicht von oben herab mit dem Mikro vor der Nase herum, sondern bewege dich sanft. Eventuell kannst du dich in die gleiche Höhe begeben, indem du dich niederhockst.

Nimm die Antworten mit Respekt auf. Wenn die Antworten nicht dem entsprechen, was du erwartest (zum Beispiel wenn du nach einer Emotion fragst und die Person antwortet „bewusstlos"), könnte es sein, dass du dich nicht genau ausgedrückt hast oder die Person einfach die Frage nicht verstanden hat. Mach kein großes Ding draus, sondern nimm den Vorschlag nach Möglichkeit trotzdem; im Notfall wandle die Antwort ab oder spezifiziere deine Frage.

2.5.3 Die Zuschauer sollen sich melden

Es gibt immer wieder Situationen, in denen man darauf angewiesen ist, dass sich Zuschauer melden. Zum Beispiel, wenn wir wissen wollen, wieviele der Zuschauer Impro-Neulinge sind, wer von außerhalb angereist ist usw. Wenn man dann einfach nur fragt: „Wer von euch ist den zum ersten Mal bei uns?", ist man als Zuschauer unter Umständen verwirrt, da man nicht weiß, wie man antworten soll. Einfach „Ich" einrufen? Oder soll ich mich melden? Außerdem gibt es natürlich immer auch Hemmungen, sich zu exponieren, vor allem wenn man in der Minderheit ist. Ein einfacher Trick besteht darin, die Aufforderung: „Bitte hebt die Hand, wenn ihr heute zum ersten Mal bei uns seid", mit der entsprechenden Geste zu illustrieren. Das löst ganz einfach einen physischen Kopier-Effekt aus und lockert die Hemmungen.

Das Melde-Prinzip können wir auch für das Erfragen der Vorschläge benutzen. Wenn wir einen Vorschlag brauchen, aber einerseits vermeiden wollen, dass nur die lautesten Rufer verstanden werden, andererseits auch nicht einzeln fragen wollen, weil vielleicht nicht jeder eine Idee für diesen Vorschlag hat, dann kann man ruhig das Publikum bitten, sich zu melden. Wenn ich zum Beispiel einen Schauplatz für die Szene haben möchte und frage: „Wo haben Sie sich als Kind gern versteckt?", dann kann ich mir sicher sein, dass, wenn die Masse angesprochen wird, nur die Lautesten rufen werden und sicherlich aus einer Ecke ein verschämtfreches „Klo" kommen wird (was mit der Wahrheit des Sich-Versteckens gar nicht mehr viel zu tun haben wird). Wenn ich aber vorher mit dem Publikum vereinbare, dass sie sich für Vorschläge melden sollen, dann erreiche ich auch die etwas Zurückhaltenderen und vermeide obendrein, bei Zuschauern nach einer Antwort zu stochern, die sich vielleicht als Kind nur selten versteckt haben, sich gar nicht daran erinnern oder diese Information nicht preisgeben wollen.

2.6 Abkühlen

Natürlich freuen wir uns über ein begeisterungsfähiges Publikum. Aber irgendwann gibt es Abende, an denen die Begeisterung dermaßen überbordet, dass man kaum noch eine Szene spielen kann, ohne dass schon der erste Schritt oder der erste Satz bejubelt, belacht oder kommentiert wird. Wir haben es dann mit unserem Warm Up oft zu weit getrieben. Die Aufforderung „Ihr könnt uns Vorschläge einrufen", wird dann von einigen zum Freibrief genommen, jederzeit alles zu kommentieren.

Zunächst einmal: Fühlt euch davon nicht beleidigt. Meistens wollen diese Zuschauer das gleiche wie ihr – nämlich eine gute Show.

Wenn es das ganze Publikum betrifft und man merkt schon zu Beginn, dass die Stimmung überhitzt ist, kann man mit den Zuschauern ein bisschen Impro-Aikido spielen. Dafür braucht man eine wohlwollende Geisteshaltung. Schwimm mit der Welle, nimm die Energie des Publikums auf, bis du nicht mehr nur Empfänger dieser Energie bist, sondern derjenige, der die Energie steuert.

Bei unserem Impro-Ensemble „Berliner Dunkeltheater", das in kompletter Dunkelheit spielte, hatten wir manchmal das Problem, dass einige Zuschauer schon zu Beginn der Show etwas überdreht waren.[27] Wir ließen die Zuschauer dann zu Beginn Szenengeräusche machen (Urwald, Stahlwerk, Nordseestrand), wobei sie oft regelrecht ausflippten und die etwas überdrehte Energie sich sogar noch steigerte. Der Witz war aber, dass die Energie nun *in eine Richtung* ging. Sie waren fröhlich bereit, die Anweisungen des Moderators zu befolgen. Die Bitte: „Und nun versuchen wir einmal, fünf Sekunden völlig still zu sein", wurde fast immer befolgt, was immer wieder ein überraschender Effekt war.[28]

Wie genau man die Abkühlungs-Aikido-Methode einsetzt, hängt natürlich von der Show-Situation und vom Publikum ab.

2.7 Abmoderation

Die Abmoderation ist zunächst eine Geste der Höflichkeit, ein Abschiedsgruß. Im konventionellen europäischen Theater gibt es ja die seltsame Sitte des sich über mehrere Minuten hinziehenden Beifalls, unter dem die Schauspieler noch mal und noch mal wieder hervorkommen. Im eher aus der Comedy-Tradition stammenden Improtheater brauchen wir diese Rituale nicht unbedingt.

Der Moderator sollte die Spieler möglichst absagen. Zumindest in kleineren Gruppen ist das naheliegend. Ähnlich wie in Ansagen kann der Applaus durch verstärkten stimmlichen Einsatz und ge-

---

[27] Ein typischer Fall von leichter Dunkelheitshysterie, die jeder kennt, der mal mit einer Gruppe Jugendlicher durch eine Tropfsteinhöhle gelaufen ist.
Zur Form Dunkeltheater siehe Seite 63.

[28] Kindergärtnerinnen wenden ähnliche Techniken an. Sie wissen, dass sie ihre Zöglinge sich erst einmal austoben lassen müssen, um ihnen *dann* die Herausforderung der Stille anzubieten.

zielte Knappheit herbeiprovoziert werden. Es ist eine schöne Geste, sich bei jenen zu bedanken, die ohne auf der Bühne zu stehen, dazu beigetragen haben, dass die Show gelang: Bei den Technikern, dem Personal, der Bedienung an der Bar und auch bei den Betreibern des Spielorts kann man sich bedanken.

Wenn es etwas zu bewerben gibt – eine Extra-Show, die neue CD des Impro-Musikers, den Merchandising-Stand – dann liegt es nahe, das ebenfalls in die Abmoderation einzubauen, da der Werbe-Impuls durch eine gute Show noch besser trägt.[29]

Bei all dem vergesse man aber eine wichtige Grundregel nicht: Die Absage sollte so knapp wie möglich sein. Das Publikum hat eine hoffentlich großartige Impro-Show gesehen und will nicht noch mit zig verschiedenen Informationen zugetextet werden. Jede zusätzliche Minute am Ende der Show verwässert den Gesamteindruck.

2.8   Moderationen zu zweit oder als Gruppe

Eine gemeinsame Moderation gibt der Show Schwung. Schon durch das gemeinsame Auftreten und die gemeinsamen Ansagen wird der kollektive Charakter des Improvisierens gegenüber dem Publikum betont.

Die Schwierigkeit des gemeinsamen Moderierens besteht darin, sich einerseits gegenseitig die Bälle zuzuspielen und einen gewissen Freiraum zu bewahren, andererseits aber auch die Straffheit der Moderation zu erhalten.

---

[29] Eine Unsitte ist es, in gemischten Shows *vor* dem Auftritt Werbung für das eigene Produkt oder die eigene Show zu machen. Wirb erst, wenn du etwas geleistet hast und du dir das Recht auf Werbung verdient hast.

- Der Fokus sollte stets erhalten bleiben. Gebt der Person, die gerade spricht, ihren Raum. Schaut sie an. Unterbrecht sie nicht, vor allem dann nicht, wenn es um wichtige Informationen geht.
- Die Ansage erlaubt (übrigens auch bei der Moderation durch eine einzelne Person) mehr Freiräume als die Absage. Wenn ihr miteinander frotzeln wollt, einander durch den Kakao ziehen, dann ist dies beim Warm Up eher möglich als am Ende.
- Testet die Grauzone zwischen interagierender Moderation und „eigentlichem" Improtheater aus.

3 SHOW-FORMATE

In diesem Kapitel geht es um Show-*Formate*, die die Improvisation auf besondere Weise „einbetten". Manche dieser Formate sind nach dem Prinzip „Show in der Show" aufgebaut. Sie lassen viel Spielraum für den eigenen Stil einer Gruppe, je nachdem, ob man eher story- oder game-orientiert ist. Außerdem betrachten wir Show-Formate und Ansätze, die den üblichen Rahmen der Impro-Show verlassen, da sie im öffentlichen Raum oder in totaler Dunkelheit stattfinden, oder sich auf andere Art den Konventionen entziehen.

Vielleicht wird man einige Formen vermissen, so zum Beispiel den *Harold* oder story-orientierte Formate. Diese werden in den Bänden *„Storys improvisieren"* und *„Freie Formen und Collagen"* vorgestellt und erläutert.

3.1 Theatersport – Der Klassiker

Mit der Erfindung dieses Formats hat der Theater-Regisseur, Impro-Theoretiker und Produzent Keith Johnstone der Welt des Improtheaters einen unschätzbaren Dienst erwiesen. Das Format ist einfach und verständlich, man kann es jedem erklären, der weder mit Improvisation noch mit Theater viel am Hut hat. Es ist offen für Laien und für Profis. Es fördert die Risikofreude der Spieler, denn es macht selbst eine Show mit einer Reihe vermasselter Szenen sehenswert. Es lässt den Reiz und die Herausforderung improvisierten Theaters sichtbar werden wie kaum ein anderes Format. Seine Spannung paart sich mit der Komik des Improvisationstheaters.

3.1.1 Show in der Show – Das aufgefangene Scheitern

Der entscheidende Trick des Show-Formats Theatersport ist, dass Sport-Wettbewerbe im Prinzip immer interessant sind.[30]

Johnstone stand vor der Frage: Wie kann man eine Impro-Show spielen, die einerseits die Spieler zum riskanten Improvisieren ermutigt und die andererseits trotz des innewohnenden Schei-

---

[30] Brecht träumte bereits in den 20er Jahren des 20. Jahrhunderts von einem Theater, das einem Box-Wettkampf gleicht: Ein begeistertes Publikum, das kennerisch die Spielzüge der Kämpfer diskutiert. Er wünschte sich obendrein, dass man im Theater, so wie beim Boxen auch, rauchen dürfe. Denn natürlich war ihm vor allem daran gelegen, dem Theater seinen wichtigtuerischen Heiligenschein zu nehmen – die Hochkultur-Attitüde.

terns fürs Publikum sehenswert ist? Die Lösung liegt quasi auf der Hand: Man lässt zwei Teams in einem Improtheater-Wettbewerb gegeneinander antreten. Das Publikum bewertet die Szenen. Das Team, das am Ende die höchste Punktzahl hat, ist der Gewinner.

Das Format *Theatersport* zieht die Zuschauer in einen Bann. Man kann gar nicht anders, als mit dem einen oder anderen Team mitzufiebern, manchmal wechselt man die Präferenzen. Und unabhängig davon hofft man auf sehenswerte Szenen. Man bekommt als Zuschauer praktisch zwei Shows in einer: Eine unterhaltsame Comedy-Show und einen spannenden Wettbewerb. Wenn einem eine Szene weniger gefallen hat, hofft man, dass die andere Mannschaft den Punkt bekommt.

3.1.2 Ablauf

Die Struktur einer Theatersport-Show ist relativ simpel. Zwei Teams treten mit kurzen Szenen „gegeneinander" an, die anschließend vom Publikum und/oder einer Jury bewertet werden. Das Team, das am Ende die meisten Punkte hat, ist Sieger des Abends und kann irgendeinen meist offensichtlich albernen oder Schein-Preis mit nach Hause nehmen. Die Aufführungspraxis variiert von Ort zu Ort.

In der Regel fordern sich die Teams gegenseitig heraus. Diese Herausforderungen können inhaltlich oder formal bestimmt sein.

> Inhaltlich hieße zum Beispiel: „Wir fordern euch zu einer Szene heraus, die mit dem Tod des Helden endet."
>
> Eine formale Herausforderung wäre: „Wir wollen doch mal sehen, welches Team die schönste Szene spielt, in der nicht gesprochen wird."

Nach jeweils einer Szene der beiden Mannschaften wird abgestimmt. Im originalen Format vergibt hier eine vom Publikum auszubuhende Jury Punkte. Es hat sich aber vielerorts eingebürgert, dass die Abstimmung dem Publikum überlassen wird und der

Moderator als Juror für Regelverstöße oder lobenswerte Aktionen Zusatzpunkte vergeben oder abziehen darf.

Ob man mit oder ohne Jury spielt, ist einerseits eine Geschmacksfrage: Das Publikum tendiert dazu, bei der Abstimmung Egoismen, Albernheiten und Gagging zu belohnen und Blockieren zu übersehen. Eine Jury ist da in der Regel etwas strenger und schärft durch ihr Urteil auch den Blick des Publikums. Andererseits fördert die Abstimmung auch die Verbundenheit mit dem Publikum. Und schließlich wird die Frage Mit-oder-ohne-Jury auch davon abhängig sein, ob man drei weitere Spieler auf der Bühne haben möchte oder nicht. Bei einem Ensemble von 30 spielwütigen Improvisierern wird man vielleicht eher zur Jury-Variante neigen als bei einer eher mittelgroßen Gruppe, die mit ihren Auftritten auch Geld verdienen will.

Der Preis, den das Gewinner-Team am Ende mit „nach Hause" nehmen darf, sollte ein offensichtlicher Quatschpreis sein, der noch einmal den Unernst des Wettbewerbs unterstreicht.[31]

3.1.3 Impro- und Schauspieltugenden auf dem Prüfstand

Im Gegensatz zu anderen Schauspielern bekommen Theatersportler ihr Urteil bei *jeder* Vorstellung in *jeder* Szene. Spontan, ehrlich, direkt. Wenn man nicht gerade zu der eitlen Sorte Spieler gehört, die *nur* für den Applaus spielen (und die deshalb regelmäßig das Publikum mit billigen Effekten und Gags zu bestechen versuchen), ist das für einen Künstler ein unbezahlbares Geschenk. Man erfährt sofort, ob man mit seiner Arbeit beim Publikum auf Resonanz gestoßen ist oder nicht.

Beim Theatersport lernt man auch, mit dem Scheitern umzugehen. (Wenn man beim Theatersport nicht wenigstens mit ein oder zwei Szenen pro Abend scheitert, spielt man vermutlich zu sehr auf Sicherheit und sollte sich größeren Herausforderungen

---

[31] Zu den Varianten und zur ursprünglichen Version von Keith Johnstone empfehle ich sein Werk „Theaterspiele".

stellen.) Scheitern ist Teil des künstlerischen Prozesses, aber auch Teil jeder mit Leidenschaft ausgeübten Tätigkeit. Wir scheitern bei der Erziehung unserer Kinder, wir scheitern an unseren eigenen Plänen, wir scheitern in der Politik und in der Liebe. Eigentlich müsste man jedem, der nicht in der Lage ist, heiter zu scheitern, ein halbes Jahr Theatersport-Therapie per Krankenkasse verschreiben.

Theatersport produziert aber auch eine Menge heiße Luft, die Stimmung kocht hoch. Mehr als bei anderen Impro-Formaten ist es daher wichtig, eine grundlegende Tugend nicht aus den Augen zu verlieren – die Großzügigkeit. Hilf dem „gegnerischen" Team, wenn deren Szene gerade dabei ist, zu krepieren. Vor allem aber hilf der Show! Es geht am Ende nie darum, ob dein Team gewinnt. Es geht auch nicht darum, dem anderen Team zu helfen, damit dessen Spieler sich nicht grämen (sie sind erfahren genug, um „verlieren" zu können). Hilf dem anderen Team, *damit die Show nicht leidet.*

„Hilfe" beim Theatersport wird von manchen Spielern manchmal missverstanden. Sie betreten dann die Szene des anderen Teams als lustige Nebenfiguren, um einen Lacher zu kassieren und behaupten dann, die Szene gerettet zu haben. Dabei haben sie einen Gag *auf Kosten der anderen Mannschaft* gemacht. Man hilft vor allem, indem man der Story Beine macht. Gehe als Nebenfigur hinein und unterstütze die Hauptfigur, indem du ihr Probleme bereitest oder ihr Gelegenheit gibst, sich als Held der Geschichte zu beweisen. Treib die Story voran, ohne den Fokus mit einem „witzigen" Character zu stehlen.

3.1.4 Freude, Spaß, Zirkus, heiße Luft

Die Lust am Wettbewerb im Theatersport, das beinahe Gladiatorenhafte der Präsentationsform, die Kürze und Gaglastigkeit der Szenen haben aber auch eine Kehrseite: Sie schaffen eine Ungeduld, die manchen Szenen abträglich ist. Die Ungeduld führt unter Umständen dazu, dass

- die Plattformen der Szenen nicht nachhaltig aufgebaut, sondern hingeschludert werden,
- die Spieler, die die Ungeduld des Publikums spüren (oder auch nur zu spüren glauben), sich nicht auf den Moment des Spiels einlassen, nicht den dramatischen Schwung der Szene erfassen und ihre Charaktere zu oberflächlich skizzieren,
- ernste Szenen vom Publikum abgestraft werden, weil sie keine Lacher bringen und auf lange Sicht die Spieler sich gar nicht erst an ernsten Szenen versuchen,
- die Komik selbst, die sich im Improtheater aus dem Moment und der Spontaneität heraus ergibt, zugunsten flacher oder obszöner Gags geopfert wird.

Nun muss man aber nicht im Umkehrschluss denken, ernste Szenen und nachhaltige Improvisation wären im Theatersport nicht möglich. Der springende Punkt ist: Als Spieler, als Gruppe und vor allem als Moderator sollten wir uns der Fallstricke dieses Formats bewusst sein.

Konditionierung des Publikums

Dem Moderator kommt beim Theatersport eine größere Rolle als bei anderen Formaten zu. Er ist nicht nur für den strukturellen Ablauf zuständig, sondern er kommuniziert mit dem Publikum. Er wärmt es auf, er erklärt das Format und den Ablauf, er lässt die Szenen bewerten und verabschiedet später das Publikum. Mit anderen Worten, *er setzt den Rahmen und den Ton der gesamten Show.*

Kenne dein Publikum! Eine mäßig besuchte Show mit Zuschauern, die das Format nicht kennen (zum Beispiel Touristen), verdient ein gutes Warm Up. Das Publikum sollte schon in eine gewisse Vorfreude auf den Wettbewerb geraten. Es sollte sich auch über das Spielerische des Wettbewerbs im Klaren sein, also darüber, dass es Teil einer Wettbewerbs-*Inszenierung* ist.

Ein lebendiges, vorfreudiges Publikum dagegen, das zum großen Teil aus Stammzuschauern besteht, das schon zu jubeln anfängt, wenn der Moderator die Bühne betritt, benötigt nicht mehr viel Warm Up. Ein paar Rituale sollten zwar beibehalten werden, aber man benötigt nicht unbedingt ein aufheizendes Klatsch-und-Jubel-Training bevor die Szenen überhaupt angefangen haben. Man könnte hingegen ein überhitztes Publikum vielmehr „abkühlen". Das muss man natürlich geschickt anstellen, denn wir wollen unser Publikum nicht langweilen oder zurechtweisen.

> Der Impro-Spieler Marc Shone von *Unexpected Productions* teilte das junge Publikum in vier Bereiche. Anstatt sie aber zu sich überbietenden Klatsch-Orgien aufzuputschen, tat er so, als habe er es mit einem noblen Upper Class Publikum des 19. Jahrhunderts zu tun, mit denen er vornehme „Ah!", „Oh!" usw. einübte. Der Effekt war erstaunlich: Dadurch band er die Zuschauer noch mehr in die Inszenierung des Theatersport-Wettbewerbs ein, verfeinerte die Heiterkeit und veränderte sehr subtil das Selbstbild und das Verhalten der Zuschauer.[32]

Ein fähiger Moderator kann das Publikum zu einem geschmeidigen, wohlwollenden Organismus formen oder zu einem bissigen, üblen Mob.

Das trifft aber auch auf die übrigen Beteiligten der Show zu, vor allem auf die Spieler. Dem Moderator ist ein bisschen Flirten mit dem Publikum erlaubt, der Impro-Spieler sollte das unterlassen. Du spielst zwar *für* das Publikum, aber du spielst eine Szene. Spiele nicht mit den niedrigen Instinkten des Publikums und behandle deine Mitspieler mit Respekt.

Auch routinierten Gruppen wird das nicht immer gelingen, dafür ist die Menge eines Publikums zu unberechenbar. Die Frage ist aber: Wohin zielen wir? Welche Art von Theatersport-Show wol-

---

[32] Und man hatte den Eindruck, dass dieses subtile Warm Up einen niveausteigernden Effekt auf die Art der vom Publikum eingegebenen Szenen-Vorschläge hatte.

len wir spielen? Welche Art von Jubel wollen wir? Und wie kommen wir dahin?

Theatersport-Features

Das Format Theatersport wird oft mit vielen kleinen und größeren Show-Elementen angereichert: Strafpunkte für „Regel"-Verstöße[33] gehören oft dazu. Johnstone selbst regte den „Strafkorb" an – ein Korb, den der Regelverstoßer während der nächsten Szene auf der „Strafbank" tragen muss. Bei manchen Matches muss das erste verbale Angebot innerhalb der ersten fünf Sekunden fallen. Szenen werden abgepfiffen, Spieler ausgehupt usw.

Jedes Einzelne dieser Features hat sicherlich seine Berechtigung oder hat sie zumindest einmal gehabt. So ist die erwähnte Fünf-Sekunden-Regel sinnvoll, um für ein bisschen Tempo zu sorgen, wenn sich die Teams oder einzelne Spieler vor verbalen Angeboten zu drücken pflegen. Auf Dauer ist es natürlich fraglich, ob jede Impro-Szene mit einem verbalen Dauerfeuer beginnen muss oder ob man sich da nicht der schönen Option beraubt, Szenen nonverbal zu beginnen.

Man sollte bedenken, dass jedes zusätzliche Show-Element tendenziell von den Szenen ablenkt und den Zirkus-Charakter des Ganzen unterstreicht. Außerdem werden Formate durch zu viele Extras, Ausnahmen und Zusatz-Elemente ihrer formalen Schönheit und ihrer Verständlichkeit beim Publikum beraubt.

Wenn ihr eure Theatersport-Show plant, solltet ihr euch bei jedem Extra-Show-Feature fragen:

---

[33] Darüber, was genau ein Regelbruch ist, gehen auch die Meinungen auseinander. „Blockieren" gehört fast immer dazu. Manchmal absichtsvolles Gagging. Bisweilen werden Punkte abgezogen, wenn ein Spieler zu lang zögert oder gegen die Spielregeln des Games verstößt.
Interessant ist der Punkteabzug für „Beleidigung" der Jury oder des Moderators. Ein Spieler der Mannschaft, die in Führung liegt, kann durch harmlose spielerische Jury-Beleidigung dafür sorgen, dass der Punktestand ausgeglichener und der Wettbewerb dadurch wieder spannender wird.

1. Brauchen wir es?
2. Mögen wir es?
3. Passt es zu uns?

3.1.5 Gewinnen wollen, ohne gewinnen zu wollen

Sinn und Unsinn von echten Wettbewerben

Es darf bei Theatersport nie wirklich um etwas gehen. Nicht um Geld, nicht um den Ruhm, nicht um einen Platz in einer Art Rangliste. Sobald sich nämlich Theatersport zu einem ernstgemeinten Wettbewerb entwickelt, verschwindet das Miteinander der Teams. Dann steht nicht mehr die gelungene Aufführung im Mittelpunkt, für die man einen passenden Rahmen gefunden hat, sondern das Bessersein. Da nützen auch die schönsten Beteuerungen vor der Show wenig. Wenn in einem Wettbewerb um den Titel „beste europäische Theatersport-Gruppe" die Szene gerade „hängt", wird der außenstehende Impro-Spieler zumindest zögern, ob er das gegnerische Team unterstützen soll.

Man kann das immer wieder beobachten: Die Spieler spielen risikoärmer und mit weniger Schwung, wenn es um etwas geht. Umgekehrt wird „unkollegiales" Spielen (was ja im Eifer des normalen Improvisierens durchaus mal vorkommt) bei der anderen Mannschaft als intendiert und böswillig interpretiert.

Aber auch wenn ihr ein großes Theatersport-Ensemble seid, solltet ihr euch davor hüten, feste Teams zu bilden. Wenn die Teams immer wieder durcheinander gewürfelt werden, wird der Team-Gedanke *des gesamten Ensembles* gestärkt, man trainiert die Gemeinsamkeit und unterbindet spätere Eifersüchteleien von vornherein.[34]

---

[34] Keith Johnstone berichtete, dass er sich bei seinem eigenen Ensemble „Loose Moose" weigerte, Theatersport anzuleiten und als Regisseur teilzunehmen, als sich feste Teams herausbildeten. Erst als diese Idee wieder über den Haufen geworfen wurde, kehrte er zurück.

Ironisierung des Wettbewerbs

Theatersport hat durch den Pseudo-Wettbewerb stets eine ironische Note, derer sich die Spieler und der Moderator (und hoffentlich auch die Zuschauer) bewusst sind.

Die Ironie können wir durch die Art des Preises betonen, der entweder völlig lächerlich ist oder so übertrieben extravagant, dass auch dem Letzten klar werden dürfte, dass es hier nicht wirklich um etwas geht. Der Schiedsrichter kann ungerecht oder nach Gutdünken Straf- oder Zusatzpunkte verteilen, etwa kleine Fehler der vorn liegenden Mannschaft drakonisch bestrafen oder kleine Leistungen der zurückliegenden Mannschaft belohnen. Die Art und Weise des Auftretens der Jury können auch zur Ironisierung beitragen. Am Ende sollte jedenfalls klar sein, dass alle *zusammen* und nicht gegeneinander gespielt haben.

Gut spielen

Es geht zwar beim Theatersport nicht darum zu gewinnen. Das heißt aber nicht, dass wir absichtlich schlecht spielen, um etwa der gegnerischen Mannschaft Punkte zuzuschanzen. An oberster Stelle für die Show stehen die guten Szenen. Theatersport ist ein Gefäß für improvisiertes Theater, in dem auch das Scheitern eine Chance zum Strahlen hat.

Impro-Spieler beim Theatersport agieren in einer ambivalenten Situation. Einerseits beflügelt die positive Grundstimmung von Publikum, Mitspieler und Moderator. Wer spürt, dass er ohnehin geliebt wird, wird oft mutiger und wagt mehr.

Die Kehrseite der Stimmung haben wir schon diskutiert. Tempo und atemloser Jubel können zu Hektik verleiten, zu mangelnder Aufmerksamkeit, schludrigem Schauspiel, Schielen nach dem schnellen Lacher. Dazu kommt manchmal auch eine gewisse Überheblichkeit gegenüber dem Format und den Zuschauern des Formats: Man spielt ja „nur" Theatersport. Es sind ja „nur" Theatersport-Zuschauer. Ich rate deshalb Theatersport-Spielern:

- Nimm dir Zeit.

  Auch wenn die Szenen kurz sind und manchmal Tempo erfordern, nimm dir die Zeit, in die Figur zu kommen, die Szene zu etablieren und den Rhythmus der Szene zu finden. Je ruhiger wir innerlich sind, umso leichter wird es uns fallen, auch hohes Tempo zuzulegen.

  Man kann sich einen Moment (zum Beispiel beim Einzählen der Szene) nehmen, um kurz den eigenen Atem zu finden, sich quasi „in den Moment zu atmen" und sich dann voll auf das Geschehen einzulassen.

- Nimm die Szene ernst.

  Auch wenn die Stimmung heiter und ausgelassen ist, wirst du nachhaltiges Lachen nur dann erzeugen, wenn du dich wirklich auf die Szene einlässt, statt dich auf flotte Sprüche, karikierte Figuren und schnelle Gags zu stützen.

- Nimm das Publikum ernst.

  Wir sollten das Publikum, auch wenn einige Zuschauer Albernheiten einrufen, ernst nehmen. Wir können Improtheater zwar als Wegwerftheater verstehen (die Szenen wird es nie wieder geben), das heißt aber nicht, dass Theatersport eine Verpflichtung zum Trash habe.

3.1.6 Lizenz für Theatersport

Theatersport wurde von Keith Johnstone zunächst ohne kommerziellen Anspruch entwickelt. Es war eine künstlerische Lösung für ein künstlerisches Problem. Doch wurde recht schnell deutlich, dass Johnstone sich den Namen „Theatersport" schützen lassen musste, wenn er verhindern wollte, dass nicht andere sich den Namen und/oder das Format unter den Nagel reißen würden, und dann die Nutzungsrechte nach eigenem Gutdünken festlegen würden. Seitdem verteilt „Theatersport ©" Lizenzen, deren recht geringe Gebühren dem Vernehmen nach lediglich dafür verwendet werden, die Marke „Theatersport" aufrechtzuerhalten und ihrem

Missbrauch Einhalt zu gebieten. Diese Lizenzgebühr ist auch EU-weit fällig.

3.2 Maestro – Erster unter Gleichen

Ein weiteres Format von Keith Johnstone, das ebenfalls das Wettbewerbs-Prinzip als Rahmen für eine Reihe improvisierter Szenen nutzt, ist Micetro (in Deutschland häufig als „Maestro" bezeichnet). Ich kenne nicht den ursprünglichen Impuls seiner Entwicklung, aber ich gehe davon aus, dass die Improvisierer vor dem Problem standen, dass eine ungeheure Menge an Spielern auftreten wollte, für die es einfach nicht genügend Zeit und Platz auf der Bühne gab. Also einigte man sich auf ein Ausscheidungsspiel mit Wettbewerbs-Charakter, wobei der Wettbewerb, ähnlich wie beim Theatersport, misslungene Szenen auffangen soll. In diesem Falle treten aber nicht Teams oder Mannschaften gegeneinander an, sondern Einzelspieler.

3.2.1 Ablauf

Das Format ist für acht bis zwanzig Spieler geeignet. Der Moderator wirft die Namen der Spieler in einen Hut und lässt von einem Zuschauer jeweils so viele Zettel ziehen, wie für das nächste Spiel oder die nächste Szene benötigt werden. Nach jedem Spiel stimmt das Publikum darüber ab, welche Spieler die Szene am besten unterstützt haben. Die Spieler mit den wenigsten Punkten scheiden aus, während die anderen eine Runde weiterkommen. Wie schnell die Spieler ausscheiden – ob schon nach dem ersten Game oder erst nach der ersten Hälfte der Show – hängt von der Anzahl der Teilnehmer ab. Im Laufe der Show scheiden immer mehr Spieler aus, bis am Ende zwei Spieler gegeneinander antreten und in einer gemeinsamen Szene oder zwei Solo-Games das Match füreinander entscheiden.

Es bietet sich beim Maestro an, auf Abwechslung zu setzen. Szenen mit größeren Gruppen können sich abwechseln mit Dialogen, Games mit Storys usw. Dabei muss man natürlich auch bedenken, dass im Verlauf des Abends immer weniger Spieler zur Verfügung stehen, gegen Ende also ohnehin Szenen mit kleineren Gruppen gespielt werden.

3.2.2 Herausforderungen an Show und Spieler

Aus naheliegenden Gründen wird der Maestro oft bei Gelegenheiten wie Festivals, Open Stages und Ähnlichem gespielt. Eigentlich soll die Freude im Vordergrund stehen. Oft tut sie das aber nicht. Der Grund ist leicht einzusehen. Man fährt vielleicht Hunderte Kilometer zu einem Festival, für das man sich freigenommen hat, zahlt Fahrtkosten und Festivalgebühren. Dann steht man drei Minuten lang auf der Bühne, um für rücksichtsvolles sensibles Spiel abgewählt zu werden, während Rampensäue gute Chancen haben, weitergewählt zu werden.

Die Chancen, für stilles Unterstützen belohnt zu werden, sind recht gering. Bei einigen Maestro-Shows sah ich in den Augen der Spieler selbst in guten Szenen regelrechte Panik.

Dennoch kann ein Maestro prinzipiell gut gespielt werden. Die Anforderungen an die Spieler in Bezug auf Großzügigkeit, Feinfühligkeit und Kooperation sind nur ungleich höher als bei anderen Impro-Shows. So wie bei Theatersport darf es auch hier nie wirklich um etwas gehen, und der Wettbewerb muss ironisiert werden. Das ist bei Maestro wesentlich schwieriger, denn durch das Ausscheidungs-Prinzip geht es ja durchaus um etwas: Nämlich darum, weiterspielen zu dürfen. Und welcher Impro-Spieler will schon darauf verzichten?

Ich empfehle, den Maestro in sehr lockerer Umgebung zu spielen, zum Beispiel wenn viele Spieler (vielleicht auch aus verschiedenen Gruppen) zu einer Show kommen, um einen vergnüglichen Abend zu haben. Spieler, die dann beim Maestro eliminiert werden, haben nichts verloren, da sie ohnehin nur eine gute Show ansehen wollten und das Glück hatten, ein paar Minuten auf der Bühne zu stehen.

Falls ihr regelmäßig Maestro aufführt, achtet darauf, dass das gegenseitige Wohlwollen der Spieler nicht leidet oder Rampensäue beginnen, die Show zu dominieren. Wenn das geschieht, spielt ein anderes Format oder überdenkt die Art und Weise, *wie* ihr den Maestro spielt.

3.2.3 Varianten

Vor einigen Jahren wurde ich eingeladen, eine Show auf einem Impro-Festival zu moderieren. Durch einen Organisationsfehler waren viel mehr Spieler anwesend als erwartet, aber es wäre unfair gewesen, einige nicht mitmachen zu lassen. Schnell wurde entschieden, es müsse ein Maestro her (wahrscheinlich weil niemandem ein anderes Format bekannt war, das diese Menge an Spielern verträgt). Andererseits sah ich schon vorher die berüchtigte Maestro-Panik in den Augen einiger Spieler, und so beschloss ich kurzerhand, die Regeln zu verändern. Zunächst entschied ich, dass jeder Spieler nicht nur eine Wertung für die Szene bekam, sondern gleich drei: Für gutes Schauspiel, fürs Unterstützen der Szene und für Impro-Tugenden wie Akzeptieren und Engagement. Die zweite Veränderung bestand darin, dass niemand eliminiert wurde. Alle Spieler spielten bis zum Ende durch. Und die dritte Veränderung war, dass im letzten Teil der dreiteiligen Show ein freier Harold[35] gespielt wurde (mithin ein Format im Format), so dass die Spieler zum Kooperieren gezwungen waren und gar nicht erst auf die Idee kamen, sich zu überlegen, mit welchen geschickten Spielzügen sie die Gunst des Publikums erobern könnten. Mag sein, dass das unter Puristen kein Maestro mehr war, aber den Zuschauern gefiel

---

[35] Ein freier Harold ist eine sich während des Spielens ergebende bunte Langform, für die die Spieler ein einziges Wort als Vorgabe bekommen. Ausführlich dazu: *Improvisationstheater. Band 6: Freie Formen und Collagen*

es ungeheuer, die Spieler waren glücklich und die Szenen waren großartig.[36]

Ich denke nicht, dass das hier beschriebene ad-hoc Format ausgereift ist, aber es soll die Möglichkeit zeigen, wie man bestehende Formate umwandeln und der gegebenen Situation anpassen kann.

3.3 Impro-Shows für Kinder – Interaktion total

Improtheater für Kinder unterliegt eigenen Gesetzmäßigkeiten. Es genügt nicht, sich anderen Themen oder Genres (etwa Märchen) zuzuwenden. Kinder nehmen Improtheater auf eine andere Art wahr. Und das erfordert dann eben auch von uns, auf andere Art zu spielen.

Zunächst: Wenn du für Kinder spielen willst, solltest du wirklich ein Herz für Kinder haben, Kinder ernst nehmen und *mit ihnen* spielen und kommunizieren wollen. Impro für Kinder sollte niemals als „Marktlücke" betrachtet werden.

Da Kinder selbst immer wieder Rollen spielen, ist für sie das Improvisieren überhaupt keine Sensation. Die üblichen marktschreierischen Präsentationen („Das ist alles improvisiert!", „Jede Show ist eine Premiere!") kann man sich also hier erst recht sparen, denn es interessiert sie schlichtweg nicht. Das heißt aber auch, dass für Kinder viele der üblichen Impro-Spiele (vor allem Rechtfertigungsspiele) nicht besonders interessant sind. Sie interessieren sich für Geschichten, interessante Figuren und Situationen.

Fast allen Kindern ist das Mitmachen mindestens so wichtig wie das Zuschauen. „Wir brauchen mal einen Freiwilligen", kann heißen, dass sich einfach *alle* melden oder sofort zehn Kinder auf die Bühne rennen. Das kann unerfahrene Spieler schnell überfor-

---

[36] Ich muss natürlich auch gestehen, dass während der Maestro-Langform im letzten Teil wahrscheinlich *überhaupt niemand mehr* den Wettbewerb im Kopf hatte, was einerseits mein Ziel war, andererseits: Wozu braucht man dann noch den Wettbewerb als Rahmen?

dern. Aber für Spieler, die Kinder mögen, ist das ein Geschenk. Kinder spielen gern Helden, aber auch Nebenfiguren, ein Pferd, den linken Flügel des Flugzeugs, einen Schornstein. Selbst für kleinere Aktionen aus dem Zuschauerraum kann man sie begeistern: Lasst sie Geräusche machen, wenn sie U-Bahn-Passagiere sind, mit den Armen wedeln, wenn sie der Wald sind, kräftig pusten, wenn sich die Windmühle drehen soll.

Lasst euch auf sämtliche Ideen ein. Seid darauf vorbereitet, dass in einem bestimmten Alter Fäkalhumor überpräsent ist, und geht damit kreativ um.

Vorschläge aus dem Publikum beziehen sich bei Kindern fast immer auf die unmittelbare Erfahrungswelt, einschließlich Figuren aus Büchern und Serien, von denen man noch nie gehört hat. Daher gilt es hier, besonders geschickt zu fragen.

In Kinder-Storys gibt es Feen, Piraten, Einhörner und so weiter. Aber nicht alles gleichzeitig. Wichtig ist hier, nicht in die Tutti-Frutti-Falle zu tappen: *Ein* magisches Element genügt. Wenn ihr Einhörner etabliert, dann geht es eben um Einhörner, nicht noch um Ritter, Feen, Roboter. Die magische Welt braucht die realistische Erdung, damit die Zuschauer andocken können.

3.4 Dunkeltheater

Eine der faszinierendsten und gleichzeitig auch herausforderndsten Formen des improvisierten Theaters ist Dunkeltheater – Improtheater in kompletter Dunkelheit. Prinzipiell kann man Dunkeltheater auf zwei verschiedene Weisen angehen:

- Man spielt Improtheater wie üblich von der Bühne aus, nur eben ohne Licht, ein Weg, den zum Beispiel das Format „The Bat" geht – ein im Dunkeln improvisierter Harold.
- Durch die Dunkelheit entsteht die Möglichkeit, den Raum *zwischen* den „Zuschauern" zu nutzen.

Auf die zweite Variante möchte ich hier näher eingehen: An der Entstehung des „Berliner Dunkeltheaters" war ich Anfang der nuller Jahre beteiligt. Das Restaurant, in dem wir spielten, hatte keine Bühne. Aus der scheinbaren Not machten wir eine Tugend: Warum sollten wir nicht den großzügigen Zwischenraum zwischen den Tisch- und Stuhlreihen nutzen?

Der Effekt ist beeindruckend. Als Zuhörer hat man den Eindruck, sich mitten im Geschehen zu befinden. Voraussetzung für diesen Effekt ist ein sehr körperliches Spielen und die großzügige körperliche Nutzung des Raums. Als dominantes Format bietet sich eine Abwandlung des *Schreibmaschine*-Spiels an: Ein Erzähler steht am Mikrofon, während die anderen Spieler die einzelnen Rollen übernehmen. Dafür genügen im Grunde zwei Spieler, da man sich sonst rasch auf die Füße tritt. Wenn die Spieler stimmlich flexibel genug sind, können sie mehrere Charaktere gleichzeitig in Szene setzen.

Falls ihr das Abenteuer Dunkeltheater wagen wollt, solltet ihr beachten:

- Games, die ihre Komik aus der Bewegung und körperlichen Rechtfertigung ziehen, funktionieren nicht. Dazu gehören selbst Spiele, die nicht einmal offensichtlich physische Spiele sind, zum Beispiel das ABC-Spiel: Wenn man als Spieler nach einem Satz mit „schwierigem Buchstaben" ringt, ist es normalerweise im Improtheater unterhaltsam, wenn die physische Routinetätigkeit fortgeführt wird. Dies entfällt logischerweise im Dunkeltheater, und das Publikum „hört" nur die Lücke, was dann unspontan wirkt.

- Aus diesem Grunde müssen auch verbale Games etwas schneller als im normalen Improtheater gespielt werden: Die körperliche Rechtfertigung[37] ist nicht sichtbar, und dann wird es peinlich, wenn das Publikum schneller ist als man selbst.

---

[37] Zum Thema „Rechtfertigen" siehe *Improvisationstheater. Band 3: Szenen improvisieren*

- Der Raum sollte *total* verdunkelt werden. Das klingt einfacher als es ist. Es genügt nicht, die Fenster mit Molton zu verhängen. Durch alle möglichen Schlitze und Öffnungen kommen kleine Strahlen, die das Auge nach einer kurzer Gewöhnungszeit wahrnimmt und die den Gesamteffekt stören, da man irgendwann auch die Umrisse erkennt, so wie nachts im Schlafzimmer. Es müssen also Fenster mit besonderer Sorgfalt verdunkelt werden. Man achte außerdem auf Türspalte und Schlüssellöcher. Handys müssen komplett ausgestellt werden. Die technische Anlage sollte separat stehen und abgedunkelt sein, da in einem komplett dunklen Raum selbst kleine LED-Lämpchen ihre Umgebung sichtbar machen. Dasselbe gilt für alle anderen technischen Geräte, wie zum Beispiel E-Piano usw.
- Spielt physisch miteinander, auch wenn das Publikum das nicht sieht. Selbst in rein verbalen Szenen ist es gut, mit den Partnern auf Tuchfühlung zu gehen oder gar Händchen zu halten, um Impulse und Emotionen besser wahrzunehmen.

3.5 Konversations-Impro

Immer wieder betone ich die Bedeutung des physischen Spielens im Improtheater. Was aber, wenn wir das improvisierte Theater völlig aufs Verbale reduzieren? Ich möchte hier die Möglichkeiten zeigen, die bislang noch wenig genutzt werden.

3.5.1 Zwei Typen. Das Beispiel „Bassprov"

In Chicago fanden um die Jahrhundertwende zwei höchst talentierte Improvisierer zusammen, die, nachdem sie die komplette Impro-Tretmühle durchlaufen hatten, sich entschlossen, ein Format auf die Bühne zu bringen, das ihnen am Herzen lag und von dem sie wussten, dass es einer ganzen Reihe von Konventionen widersprach. Joe Bill und Mark Sutton spielen seitdem in ihrer Show

„Bassprov" zwei angelnde Rednecks, die Sportereignisse und Politik diskutieren, ihre Lebenswelt einander offenbaren und aus einem sehr bodenständigen Gespräch philosophische Themen extrahieren. Die verwendeten Angeln sind ebenso real wie die Bierdosen (mit Inhalt).

Bassprov ist inzwischen legendär und hat Auszeichnungen gewonnen. Das Format lässt sich bestimmt nicht kopieren, da die Figuren hier extrem authentisch sind. (Joe Bill spricht davon, dass seine Figur Earl Hinkle zu zwei Dritteln mit ihm selbst deckungsgleich ist.) Durch die Wiederholung des Formats mit denselben Figuren hat sich (ähnlich wie in einer Soap) ein eigenes Universum der beiden entwickelt, das zum Erfolg beiträgt.

Das Erstaunliche dabei ist, dass sich das Format nicht abnutzt und dass es trotz des geringen Bewegungsanteils als Theaterstück spannend bleibt.

Ich denke, dass, auch wenn sich Bassprov nicht eins zu eins kopieren lässt, man doch einige Mittel nutzen kann, um ähnliche Formate zu erfinden:

- Du brauchst einen Mitspieler, dessen Lebenswelt du einigermaßen nachvollziehen kannst und vielleicht sogar teilst.
- Die Charaktere sollten nicht allzu weit vom eigenen Ich entfernt sein, denn es lässt sich inhaltlich schlicht nicht durchhalten, jemanden zu spielen, dessen Welt einem nicht vertraut ist. Es liegt nahe, einige Charaktereigenschaften etwas zu vergrößern, etwa das Temperament, die Begeisterungsfähigkeit für ein Thema, die Schärfe der eigenen Meinung, der eigene Dialekt.
- Die Chemie der Partner sollte stimmen. Das ist etwas, das sich nicht lernen lässt. Hier geht es um mehr als um eine ähnliche Auffassung von Improtheater. Finde jemanden, der einen ähnlichen Humor hat und der dich fasziniert.
- Habt Mut, eine starke Meinung zu haben. Das ist in diesem Format vielleicht noch wichtiger als in story-orientierten

Formaten, da es hier mehr um die Reibung von Gedanken, Haltungen und Ideen geht.

Was Ort, Umstände und Requisite betrifft, kann man sicherlich flexibel sein, nur nachvollziehbar sollte man bleiben. Allzu verrückte Schauplätze und Figuren nutzen sich ab und sind auf Dauer nicht glaubwürdig.

3.5.2   Wahre Dialoge. Das Beispiel „Chaussee der Enthusiasten"

In der frühen Phase meiner Lesebühne *Chaussee der Enthusiasten*[38] fragte mich eines Tages mein Kollege Stephan Serin gegen Ende der Show, ob wir den Abend nicht zu zweit abmoderieren wollten. Das Ganze geriet dann eher zu einem längeren Dialog mit Absage. Daraus entstand eine Tradition: Wir begannen, begleiteten und endeten die Shows mit längeren improvisierten Dialogen und fügten bisweilen sogar welche in die Zwischenansagen ein.

Ähnlich wie bei *Bassprov* wurden auch private, tagesaktuelle, kulturelle und politische Themen besprochen, aber auch Fragen der Lebensgestaltung, zum Beispiel wie man sich gegenüber potentiellen Schwiegereltern verhält, ob politisch korrektes Verhalten mit Coolness eine Schnittmenge ergeben kann usw.

Die Zuschauer gewannen für diese authentischen und meist recht komischen Dialoge umso mehr Interesse, je häufiger sie die Show besuchten, da die realen Personen (im Gegensatz zu erfundenen Charakteren) immer mehr von sich offenbarten. Ähnlich wie in einem guten Interview erfuhr man mehr von den Künstlern, nur dass die Gesprächssituation ebenbürtig war – kein Interview,

---

[38] Die *Chaussee der Enthusiasten* war eine deutsche Lesebühne von 1999 bis 2015, unter anderem mit Jochen Schmidt, Stephan Serin, Volker Strübing, Kirsten Fuchs, Andreas Kampa, Robert Naumann und mir.

sondern ein Dialog.[39] Die sozusagen sichtbare Erdung der sprechenden Personen war die Voraussetzung dafür, dass wir aberwitzige Gedanken verfolgen konnten, ohne dass das Format darunter gelitten hätte. Mir ist derzeit kein Improtheater bekannt, das die Form des „wahren Dialogs" in relevanter Weise nutzen würde. Ich hoffe, dass sich das bald ändert.

3.6 Open Stage – Die offene Bühne

3.6.1 Grundsätzliches

Für erfahrene Improvisierer oder Impro-Show-Veranstalter ist die offene Impro-Bühne eine wunderbare Möglichkeit, sich mit anderen Spielern der Impro-Szene zu vernetzen oder auch die Szene selbst zu erweitern.

Beim Open-Stage-Format öffnet ihr eure Bühne für andere Spieler, die mit euch oder auch für sich kurze Szenen oder mittellange Formate spielen. Man kann die Bühne öffnen für:

- andere Gruppen, die für sich selbst werben wollen oder kleine Formate ausprobieren wollen,
- Amateur-Spieler und Workshop-Teilnehmer, die nur wenig Bühnenerfahrung haben,
- das gesamte Publikum.

Für welche Variante oder Kombination man sich letztlich entscheidet, ist von den eigenen Vorlieben abhängig und davon, wie die Open Stage von potentiellen Fremd-Spielern angenommen wird.

---

[39] Eine ähnliche Dynamik entfaltet sich mitunter in guten Doppelmoderationen im Radio.

3.6.2   Besondere Spielweise bei der Open Stage

Für die Open Stage gibt es eine einzige große Regel: Lass die Mitspieler glänzen!

Großzügigkeit sollte ohnehin eine Grundhaltung jedes Impro-Spielers sein. Bei der Open Stage gilt das in noch größerem Maße. Dabei ist es völlig egal, ob die Mitspieler Profis sind oder sich als Freiwillige aus dem Publikum gemeldet haben. Als Veranstalter habt ihr bei diesem Format nämlich nicht nur dafür zu sorgen, dass das Publikum eine schöne Show sieht, sondern besonders dafür, dass sich die Mitspieler wohlfühlen, und zwar gerade die unerfahrenen. Jegliche Erwartung an die Mitspieler, an Storys und Games kann man hier von vornherein fallen lassen.

Bei Open Stages achtet das Publikum genau auf das Miteinander. Es bewundert den Mut der Freiwilligen und freut sich, wenn diese auf der Bühne glänzen. Denn der Freiwillige ist schließlich einer von ihnen.

Je weniger Impro-Erfahrung ein Open-Stage-Spieler mitbringt, umso sensibler und wacher muss man selber sein, um ihn zu retten und smart erscheinen zu lassen.

Unerfahrene Spieler werden subtile Zeichen auf der Bühne seltener wahrnehmen. Es kann durchaus sein, dass sie ein Game oder eine Bühnenregel einfach nicht verstanden haben (trotz eifrigen Nickens), und dann hilft es meist gar nichts, während der Szene Hinweise zu geben.

> So blieb einmal eine Anfängerin während des Klassikers „Sitzen/Stehen/Liegen"[40] einfach die ganze Zeit auf ihrem Stuhl sitzen und verstand offenbar nicht, warum die Mitspieler da eine irre Gymnastik abzogen. Nach den ersten zwei Versuchen, bei denen einer der Partner sich ebenfalls hinsetzte, war klar, dass sie etwas missverstanden haben musste oder

---

[40] Sehr körperliches Spiel für drei Improvisierer. Während der Szene muss immer eine Figur liegen, eine stehen, eine sitzen. Sobald jemand die Position wechselt, müssen die anderen beiden reagieren und sich anpassen.

auf dem Schlauch stand. Man spielte das Game also mit einer fixen Spielerin und bediente ihre Angebote umso größer. Das Publikum jubelte hinterher.

Unerfahrenen Freiwilligen muss man unter Umständen helfen, hör- und sichtbar zu sein. Bisweilen hilft es, vor der Show zwei, drei Grundregeln kurz zu erklären: Insbesondere das Akzeptieren und das Laut-Sprechen lassen sich kurz und deutlich beschreiben. Allerdings muss man durchaus darauf gefasst sein, dass bei Freiwilligen, wenn sie dann auf der Bühne sind, die Angst doch überwiegt und so groß ist, dass die Spieler leise sind, negative oder gar keine Angebote machen und blockieren. Die große Kunst besteht dann darin, positiv zu bleiben und auf die wenigen Angebote groß zu reagieren. Wenn man spürt, dass Freiwillige auf der Bühne von der Angst schier aufgefressen werden, lasse man sie supereinfache Szenen spielen und gebe ihnen auf den Weg: „Im Zweifel sage einfach Ja."

Als Warm Up vor einer Open Stage Show empfehle ich folgendes Spiel:

Impro-Terror

Zwei Spieler. Ein Spieler terrorisiert den anderen mit einer für Anfänger typischen Impro-Sünde, zum Beispiel

- Angebote blockieren
- Negativ sein
- Unkonzentriert sein
- Den Prozess des Spielens kommentieren
- Unemotional sein
- Kneifen

Die Aufgabe des zweiten Mitspielers besteht darin, den anderen trotzdem gut aussehen zu lassen und die Szene so interessant wie möglich zu gestalten.

Tip: Positiv und begeistert sein ist hier fast immer die halbe Miete. Man versuche erst gar nicht, den Impro-Terroristen zum Akzeptieren oder Engagiert-Sein zu bewegen. Das wird, wenn der Impro-Terrorist seine Sache gut macht, nicht geschehen.

Freiwillige, die noch nie auf einer Bühne standen, werden zu Stars des Abends, indem man sie zu Protagonisten einer Heldenreise macht. Man spielt den Freiwilligen permanent an. Und im schlimmsten Fall der totalen Verunsicherung kann er einfach stehenbleiben, Ja sagen und die Profis den Rest erledigen lassen. Selbst die Veränderung des Helden können die Mitspieler initiieren:

Improvisierer: „Frau Ehlert, können Sie ein Flugzeug steuern?"

Freiwillige: „Ja, äh, nein, ich weiß nicht."

Improvisierer: „Ich weiß, Sie sind nur Passagierin, aber wir sind alle verloren, wenn Sie das Flugzeug nicht übernehmen."

Freiwillige: „Ach so. Ja. Gut."

Sprung zur nächsten Szene.

Improvisierer: „Frau Ehlert, ich danke Ihnen! Sie haben meine ganze Familie gerettet."

Freiwillige: „Ja, äh… Ich? Achso. Ja. Danke."

Sprung zur nächsten Szene.

Improvisierer: „Frau Ehlert, im Namen des Bundespräsidenten überreiche ich Ihnen das Bundesverdienstkreuz."

Je mehr Erfahrungen die Freiwilligen haben, umso mehr Freiraum kann man ihnen beim Improvisieren lassen, umso größer können auch die improvisatorischen Herausforderungen sein.

3.7 Improtheater im öffentlichen Raum

Man könnte meinen, dass sich Improtheater durch seine Popularisierung mehr und mehr Räume sucht und schließlich auch den öffentlichen Raum für sich entdeckt hätte. Das ist aber momentan noch nicht der Fall. Zwar gibt es Impro-Gruppen, die versuchen, den öffentlichen Raum für ihre Zwecke zu nutzen, aber Improtheater im öffentlichen Raum gibt es schon wesentlich länger als das moderne Improtheater. Zum einen ist Straßentheater oft auch zu großen Teilen improvisiert gewesen, denn die Straße macht den Spielraum fließend. Anders als im Theater ist der Temenos – die heilige Sphäre des Spielens – nicht klar abgegrenzt. Irritationen und Interaktionen durch und mit Publikum entstehen spontan und werden teilweise auch gesucht. Auch das, was heute als „Walking Act" bezeichnet wird, hat eine längere Tradition.[41]

Öffentliches Theater können wir grundsätzlich in zwei Dimensionen unterscheiden. Erstens: Sichtbares oder Unsichtbares Theater. Zweitens: Unterhaltungs-Theater oder Intentions-Theater.

	Unterhaltung	Intention
Sichtbar	Spaß-Flashmobs (zum Beispiel „Improv Everywhere"), Straßentheater	Theater der Unterdrückten, Polit-Clowns, Statuen-Theater
Unsichtbar	Walking Acts	Theater der Unterdrückten, „What would you do?"

Die Grenzen sind hier natürlich fließend. Aber sehen wir uns die Formen im Einzelnen an.

---

[41] Liesl Karlstadt berichtete, dass sie in den 1920er Jahren manchmal mit Karl Valentin in die Straßenbahn einstieg und die beiden in seltsamen Rollen Dialoge oder Streits improvisierten, während sie die Reaktionen der anderen Passagiere beobachteten, zu keinem anderen Zweck als ihrem eigenen Amüsement.

3.7.1 Flashmobs

Flashmobs gehören zu den teils geplanten, teils spontanen Performance-Improvisationen: Eine mehr oder weniger große Gruppe trifft sich an einem Ort, um sich gleichzeitig seltsam zu verhalten. Haupt-Ziel ist die Irritation der meist unfreiwilligen Zuschauer. Dieser Performance-Typus kam in den 70er Jahren auf, wurde aber erst ab Beginn des 21. Jahrhunderts populär, als man das Internet zur raschen Rekrutierung Freiwilliger nutzen konnte und man die Reaktionen der Zuschauer filmen und veröffentlichen konnte.

Die bekannteste Flashmob-Truppe sind derzeit wohl die New Yorker „Improv Everywhere", wobei sich der Improvisations-Anteil immer mehr reduziert hat zugunsten klarer Handlungs-Anweisungen. Bekannte Beispiele sind die U-Bahn-Fahrten ohne Hosen oder die „eingefrorenen" Kunden in Kaufhäusern. Inzwischen werden gar kleine, scheinbar spontane Theaterstücke oder Musicals aus dem Nichts heraus aufgeführt. Die Irritation ist natürlich für die meisten Zuschauer nur kurz. (Spätestens wenn man den vierten eingefrorenen Kunden entdeckt hat, ist klar, dass wir es hier mit einer Performance zu tun haben.)

Abgesehen vom reinen Unterhaltungs- und Irritations-Faktor haben auch scheinbar unpolitische Flashmobs einen nicht zu unterschätzenden sozialen Effekt: Sie markieren den öffentlichen Raum neu. Man erkennt eine Spielwiese, wo man bisher nur ein öffentliches Transportmittel, einen hektischen Platz oder eine lärmende Unterführung gesehen hatte.

Mit legendären Aktionen irritierten Ende der 90er Jahre Aktivisten aus der Berliner Lesebühnenszene die Öffentlichkeit. Angelehnt an die Blocks auf linken Demonstrationen fanden sich zirka fünfzig bis hundert Personen, die die Demonstrationen von Nazis, Scientology und ähnlichen Gruppen unterwanderten, indem sie als sogenannter „Votzenblock" zum Beispiel in seltsamen Outfits behaupteten, die Tunten-Fraktion der NPD zu sein. Aktionen dieser Art hebeln auf verstörende Weise die Erwartbarkeit von Protest aus und sind daher wie geschaffen für Improvisation.

3.7.2 Improvisiertes Straßentheater

Improtheater auf die Straße zu holen, ist eine heikle Angelegenheit. Im Gegensatz zu den Zeiten der Commedia dell arte mangelt es heute nicht an Unterhaltungs-Möglichkeiten. Mit anderen Worten, die meisten Großstadt-Passanten werden an einem Straßentheater vorbeigehen wie an jedem durchschnittlichen Straßenmusiker. Schließlich hat man es eilig, will zur Arbeit, nach Hause oder muss das Kind vom Oboen-Unterricht abholen. *Es sei denn, das Straßentheater erreicht eine kritische Masse an Zuschauern.* Wenn sich ein Pulk von zwanzig, dreißig Zuschauern gebildet hat, dann ist die Wahrscheinlichkeit groß, dass auch andere Leute stehenbleiben. Um diese kritische Masse zu erreichen, reicht es nicht aus, die üblichen Impro-Standards durchzuziehen. „Gebt uns eine Beziehung und wir spielen dann eine ABC-Szene", genügt nicht, um ein tendenziell gleichgültiges Noch-nicht-Publikum neugierig zu machen.

- Seid auffällig!
  Tragt Kostüme oder weiße /geringelte /altertümliche /futuristische Kleidung. Alles, was euch abhebt, ist interessant.
- Seid von vornherein enthusiastisch!
  Manche Gruppen spielen sogar ihre Aufwärm-Games schon in der Öffentlichkeit. Die dabei losgetretene Energie und Freude kann Passanten schon mal dazu bringen, stehenzubleiben und neugierig zu werden.
- Wählt Plätze, an denen man eher verweilt als durcheilt.
  Fußgängerzonen sind eher geeignet als belebte Verkehrsknotenpunkte.
- Markiert euren *Temenos*, eure Spiel-Sphäre.
  Ein Kreidekreis oder ein ausgerollter Teppich genügt unter Umständen. Schaut euch um: Vielleicht kann man auch die Architektur des vorhandenen Raums nutzen: Beton-Erhebungen, ungenutzte Springbrunnen, Bänke usw.
- Beginnt mit kleinen Appetithäppchen, bevor ihr „richtig" loslegt.

- Überlegt euch genau, wie ihr Sprache einsetzt.
  Auf öffentlichen Plätzen verhallt das gesprochene Wort viel
  leichter als in geschlossenen Räumen. Das heißt, entweder
  ihr stellt euch darauf ein, über einen längeren Zeitraum nur
  zu rufen oder ihr lasst euch über Headsets verstärken. Oder
  ihr verzichtet ganz auf Sprache. Nicht umsonst sind Straßen-
  Performer oft Pantomimen. Findet hier eure eigene, spezielle Form.

Generell muss man mit einer wesentlich geringeren Aufmerksam-
keitsspanne rechnen. Komplizierte Games, verschachtelte Storys
oder langwierige Ansagen können euch Zuschauer kosten.

Nutzt das Chaos der Straße improvisatorisch. Gerade die vielen Störungen lassen sich einbauen. Baut den Hund ein, die vorbei-
fahrende Feuerwehr, das klingelnde Telefon.[42]

Spiele, die das Improvisieren sofort erkennen lassen, sind gut
geeignet. Ich will nicht von langformatiger Straßenimpro abraten,
aber man braucht ein extrem gutes Fingerspitzengefühl. Jeder
Moment muss als großer improvisierter Moment fühlbar sein.

Erfahrung in Clownerie kann nicht schaden: Große Reaktionen, betonte und präzise Körperlichkeit, groteskes Verhalten.

Ladet Freunde oder Stammzuschauer ein, um einen Publi-
kums-Grundstock zu haben. Passanten werden eher stehenbleiben,
wenn schon andere Leute anwesend sind.

Wenn ihr ein größeres Publikum anlocken wollt, stellt sicher,
dass sich die erste Reihe in einen möglichst großen Halbkreis setzt.
Beachtet aber auch, dass ein zusammengedrängtes Publikum für
Comedy stets besser geeignet ist als ein verstreutes.

---

[42] Shawn Kinley aus Calgary berichtete von einer Straßen-Impro, bei der das Telefon
einer jungen Frau klingelte. Am anderen Ende war ihr Verlobter dran, den sie zwei
Tage später heiraten sollte. Shawn gab das Telefon einem kleinen Jungen, der einfach
das wiederholen sollte, was der Mann am anderen Ende sagte. Zum Schluss küsste die
Frau den Jungen, und das Publikum geriet in Verzückung.

3.7.3 Walking Acts

Sieht man von Ausnahmen ab, sind Walking Acts eher zum unsichtbaren Theater zu zählen. Die Schauspieler nehmen sich des Raumes an und nutzen ihn in irritierender Weise. Zum Beispiel:

- In einem noblen Restaurant beschwert sich ein Pärchen lautstark darüber, dass es keinen „Grappa aufs Haus" gibt.
- Auf einer Parkbank bezieht jemand die Bank mit weißen Laken ordentlich als Bett und macht darin im Pyjama ein Nickerchen.
- In der S-Bahn streiten sich zwei konkurrierende Kontrolleur-Gangs, wem dieses Revier gehört.

Die Grenzen zum Flashmob und zum „Theater der Unterdrückten" sind fließend. Anders als beim Flashmob benötigt man weniger Personen. Und anders als beim „Theater der Unterdrückten" gibt es nicht notwendigerweise eine politische Stoßrichtung.

Walking Acts werden oft von Unternehmen gebucht, um die eigene Veranstaltung aufzupeppen. In diesen Fällen sind die Walking Acts auch nicht mehr dem Unsichtbaren Theater zuzurechnen, denn was sie betreiben, ist eher eine Art offene Clownerie. Die Anforderungen, die man hier als Schauspieler manchmal zu erfüllen hat, sind meistens albern, oft dümmlich und bisweilen erniedrigend. Selten nur nehmen sich die Veranstalter selbst auf die Schippe. Wenn man keinen Draht zu solchen Performances hat, lasse man lieber die Finger davon oder verlange wenigstens ein angemessenes Schmerzensgeld.

3.7.4 Das Theater der Unterdrückten und seine Verwandten

In den sechziger und siebziger Jahren des 20. Jahrhunderts gab es international einen ungeheuren Aufschwung des politischen niedrigschwelligen Theaters in der Öffentlichkeit. Besonders popularisiert wurde es durch die Methoden des Brasilianers Augusto Boal, der in der Phase der Militärregierungen in Lateinamerika subversive Akte der politischen Markierung und Verweigerung schuf. Sie waren subversiv, da sie pro forma weder illegal waren noch einen Protest als solches zeigten, aber sie verwiesen *indirekt* auf Ungerechtigkeiten.[43]

Theater der Unterdrückten wird teils als sichtbares, teils als unsichtbares Theater gespielt. Entscheidend ist die politische Stoßrichtung, Widersprüche und Ungerechtigkeiten zu markieren.

Sichtbares politisches Theater in der Öffentlichkeit

Da die Kunst und politische Meinungsäußerung viel freier sind als im Lateinamerika zu Boals aktiven Zeiten, ist die feine Subversivität nicht mehr der Not geschuldet, sich vor dem Zugriff der Autoritäten zu schützen. Das Problem liegt eher darin, dass, wenn man prinzipiell alles sagen und tun kann, die politische Kunst zu Verflachung neigt, wenn man sich nicht besondere Mühe in der formalen Darstellung gibt. Das ist insbesondere bei sichtbaren politischen Inszenierungen der Fall.

> Amnesty International zum Beispiel setzt in ihren öffentlichen Inszenierungen fast immer auf Schockwirkung. Hunderte Demonstranten, die sich (symbolisch für Inhaftierte) auf die Straße legen, angedeutete Hinrichtungs-Szenerien, zugeklebte Münder usw.
>
> Durch die krassen Darstellungen gewinnt eine politische Demonstration sicherlich Aufmerksamkeit. Allerdings nutzen sich die Mittel auch irgendwann ab. So muss irgendwann vor vielleicht fünfzig Jahren mal jemand auf die originelle Idee gekommen sein, einen Demonstrationszug in eine Beerdigungs-Feier umzudeuten. Aus Pappe wurde ein Sarg gebastelt, die Demonstranten trugen Trauerkleidung und man beerdigte „die Bildung" (oder die Kultur, die Approbationsfrei-

---

[43] Nach einigen Jahren wurde Boal schließlich dennoch verhaftet und verließ später das Land.

heit, das Schlechtwettergeld oder was auch immer gerade auf der Tagesordnung stand). Vermutlich wurde dem ersten Demo-Beerdigungszug ordentlich Aufmerksamkeit von der Presse geschenkt. Inzwischen aber ist das Mittel so häufig benutzt worden, dass es eigentlich nur noch ein Schulterzucken hervorrufen kann.

Im Kontext politischer Demonstrationen braucht sichtbares politisches Theater inzwischen mehr Kreativität. Es genügt nicht mehr, Symbole zu inszenieren. Ein Schuss Cleverness ist gefragt, Selbstironie, möglicherweise auch ab und zu der Wille zur bewussten Grenzverletzung.

Hier geht übrigens inzwischen auch die Clownerie neue Wege. Die Figur des Narren, der sich alles erlauben kann, der komplexe Sachverhalte aufs Menschlich-Grundsätzliche herunterbricht oder Nichtpassendes sorglos miteinander verknüpft, hat auf sonderbare Weise ihren Weg ins öffentliche politische Theater gefunden.

Inhaltlich sind Improvisierer eigentlich dafür prädestiniert, politische Fragen zuzuspitzen: „Wenn X wahr ist, was ist dann noch wahr?"

Unsichtbares politisches Theater

In seinem Buch „Theater der Unterdrückten" beschreibt Boal beispielhaft Situationen, die sich für eine Inszenierung in der Öffentlichkeit eignen könnten:

> „Zum Beispiel wird eine Frau in der Bahn von einem Mann belästigt. Sie stellt ihn zur Rede, aber er lässt nicht ab von ihr. Wie reagieren die Passagiere? Die Situation wird aufgelöst und mit den Passagieren besprochen."

Im US-amerikanischen Fernsehen brachte John Quiñones in seiner Sendung „What would you do?" derlei Szenarien mit dem Konzept „Streiche mit versteckter Kamera" zusammen. Die Beispiele sind zugespitzt und sehr dicht an der amerikanischen Wirklichkeit, zum Beispiel:

- Eine stotternde Verkäuferin wird von einem Kunden beleidigt.
- Die neue Barfrau wird von ihrem Chef begrapscht.
- Ein Banker, dem am Imbiss-Stand das Kleingeld fehlt, stiehlt es einem Bettler aus der Schale.

Durch die versteckten Kameras (und Mikrofone) erweitert sich außerdem das Publikum beträchtlich. Ohne diese bleibt das Publikum des unsichtbaren politischen Theaters oft auf die unmittelbar Beteiligten beschränkt, denn sobald man lauter als gewöhnlich spricht, um auch in einem Umkreis von mehr als zehn Metern gehört zu werden, wirkt das Ganze oft unrealistisch.

Durch Internet-Video-Plattformen sowie preiswerte einfache Kameras sind solche Inszenierungen im Grunde für jedes kleine Ensemble möglich, aber man sollte sich über einige Dinge im Klaren sein:

- Es gilt das Persönlichkeitsrecht. Ihr braucht die Erlaubnis der beteiligten Personen, das gefilmte Material zu veröffentlichen.
- Je krasser die gestellte Situation ist, umso schärfer kann die Reaktion sein. Schließlich muss man in extremen Fällen auch einkalkulieren, dass jemand zu Notwehrhilfe (sprich: Gewalt) greift.
- Man überlege sich gut, ob es die Sache wert ist oder ob man nicht einfach nur fremde Personen belästigt.
- Situationen mit versteckter Kamera sind inzwischen sehr weit verbreitet. Wenn das Szenario allzu bizarr ist, ist der Braten schon von Weitem zu riechen.
- Löst die Situation angemessen und freundlich auf.
- Stellt niemanden bloß! Wenn jemand in einer bestimmten Situation nicht eingreift, kann das zig Gründe haben, die ihr nicht kennt. (Der Moderator John Quiñones tritt selbst erzkonservativen oder gar homophoben oder rassistischen Passanten mit freundlichem Wohlwollen gegenüber.)

3.8 Playbacktheater

Eine sehr spezielle Form des Improvisationstheater haben Jo Salas und Jonathan Fox in den 70er Jahren erarbeitet. Bei diesen Arbeiten wird die tendenzielle Nähe des Improtheaters zum Publikum noch intensiviert.

Ähnlich wie im „herkömmlichen" Improtheater wird mit den Zuschauern kommuniziert und die Vorschläge szenisch umgesetzt. Allerdings sind die Zuschauer des Playbacktheaters noch stärker involviert. Sie sollen selbst Geschichten erzählen. Das können kleine Alltags-Episoden sein, die zum Beispiel mit einem allgemeinen Ereignis, etwa dem Neujahrsfest, verknüpft sind. Es können aber größere biographische Erlebnisse zur Sprache kommen – die erste große Liebe, eine große Enttäuschung, eine Fehlentscheidung, ein Glücksfall und so weiter.

Die von den Zuschauern erzählten Geschichten werden von den Improvisierern in Szene gesetzt oder in einem stark formalisierten Game überhöht.

Das Ziel von Playbacktheater liegt daher auch viel stärker noch in der Katharsis – der individuellen und kollektiven psychologischen Reinigung oder Heilung. Durch das Hören von Geschichten werden wir eingeladen, in die Lebenswelt eines Zuschauers einzutauchen. Durch die Playback-Wiedergabe erfahren wir die Kontingenz dieses Erlebnisses.

Obwohl die Wurzeln des Playbacktheater im Psychodrama liegen und wegen der Offenlegung von teilweise heiklen persönlichen Themen sehr sensibel gespielt werden muss, kann es durchaus auch heiter und unterhaltsam gestaltet werden.

Man beachte vor allem:

1. Als Moderator, der nicht nur Spielanweisungen gibt, sondern auch mit den Zuschauern in Kontakt kommt, braucht ihr weniger den großen Zampano, sondern eine charmante, sensible Persönlichkeit.

2. Als Einstieg sollte man eine Handvoll Mini-Spiele parat haben, die nicht länger als eine Minute dauern sollten.[44]

3. Die Katharsis kann nur dann wirken, wenn der Geschichte keine Gewalt angetan wird. Nehmt sie, wie sie ist. Deutet sie nicht um. Interpretiert sie nicht.

4. Die Kehrseite dieser Wahrhaftigkeit gegenüber der Story liegt in der Gestaltungskraft der Form. Zerlegt die Story in Einzelteile. Spielt mit Fremdperspektiven, mit Raum, Zeit und Montagen.

5. Um überzeugen zu können, braucht die Darstellung, Leichtigkeit ohne Seichtigkeit, Heiterkeit ohne Albernheit, Sensibilität ohne Pathos, Ernsthaftigkeit ohne Bitternis.

Die Formen sind relativ simpel gehalten, so dass sie ziemlich schnell erlernbar sind. Denn das ausdrückliche Ziel ist es, durch nachbarschaftliches und mitfühlendes Laientheater, den Zusammenhalt der Nachbarschaft zu stärken. An einem guten Playbacktheater-Abend ist man durch eine ganze Reihe von Emotionen gegangen – schreiende Komik, und berührende Traurigkeit, Erstaunen und Neugier. Was aber noch wichtiger ist – man hat mehr über seine Mitmenschen erfahren.[45]

---

[44] Gern genutzt werden hier die *Flüssigen Skulpturen:* Man beginnt mit einer leichten Einstiegsfrage, zum Beispiel: „Wie haben Sie den heutigen Morgen gleich nach dem Aufstehen erlebt?" Als Antwort wird eine emotionale Kurzbeschreibung sein, die von mehreren Spielern körperlich in repetitiven Bewegungen und Sounds als gemeinsame Skulptur/Maschine umgesetzt wird.

[45] Für eine detaillierte Einführung siehe Jo Salas: *„Improvising Real Life"*

4 DAS PUBLIKUM

4.1 Haltung zum Publikum

4.1.1 Resonanz beim Publikum!

Das Publikum ist eine der drei Säulen unseres Improvisations-Gebäudes. (Die anderen beiden sind deine Mitspieler und du selbst.[46]) Wenn es dir nur ums Improvisieren mit anderen geht, dann brauchst du nicht den Aufwand für eine Show zu betreiben. Kunst ist Kommunikation und lebt vom Wechselspiel zwischen

---

[46] Siehe *Improvisationstheater. Band 1: Die Grundlagen*

Künstler und Betrachter. Zwar können bewegende oder schreiend
komische Szenen auch ohne Publikum entstehen, aber die Aufführung kann erst durch die Anwesenheit der Zuschauer Resonanz
erzeugen.

Was für ein Erlebnis wollen wir dem Publikum bescheren?
Ganz einfach könnte man sagen, wir wollen, dass das Publikum
glücklicher geht als es gekommen ist. Egal welch erhabenen Kunst-
Anspruch man an die Improvisation knüpfen mag, eine Funktion
des Theaters ist immer auch die Unterhaltung, die Freude, der Ge-
nuss. Und unter Umständen kann der Anspruch „Spaß bereiten"
auch völlig genügen. Aber will man vielleicht doch auch mehr als
puren Spaß? Auch wenn wir nicht an jede kleine Impro-Game-
Show shakespearesche Ansprüche stellen müssen, so lohnt es sich
doch, darüber nachzudenken, *auf welcher Ebene* wir das Publikum
erreichen wollen:

- Ästhetisch
  Das ist jene Freude, die entsteht, wenn es „klickt", die Freu-
  de an der Form, an einem schönen Tanz, die Freude an der
  Eleganz der Darstellung, an der Geschmeidigkeit des Mitei-
  nanders, am fließenden Improvisieren.
- Intellektuell
  Im Idealfall ist Kunst für uns auch eine intellektuelle Her-
  ausforderung. Wir erfahren etwas über andere Perspektiven,
  über andere Lebenswelten, über bislang unbekannte Zu-
  sammenhänge.
- Lebensfreude
  Das Theatererlebnis ist auch eine kollektive Erfahrung. Die
  Erfahrung des gemeinsamen Lachens, des gemeinsamen
  Leidens ist auch dann präsent, wenn sich der einzelne Zu-
  schauer für autonom in seiner Wahrnehmung hält.

Jetzt mag man sich fragen: Wo bleibt die Komik und das Lachen?
Sie steckt in allen diesen drei Ebenen. Wir lachen, wenn wir gekit-
zelt werden. Und das kann intellektuell geschehen oder auf einer

„ästhetischen" Wiedererkennungs-Ebene. Und schließlich lacht man auch aus Freude übers Lachen selbst.

4.1.2 Was will das Publikum?

Über Publikums-Erwartungen lässt sich lange streiten. Bühnen-künstler neigen hier gelegentlich zu Extremen: Entweder sie igno-rieren etwaige Wünsche des Publikums komplett (da dieses ohne-hin inkompetent sei) oder sie biedern sich an, korrumpieren ihre eigene Kunst und jammern dann über das Publikum, dem man nichts Anspruchsvolles zumuten dürfe, da es so etwas nicht goutie-re. Friedrich Schiller schrieb dazu vor über zweihundert Jahren:

> „Es ist nicht wahr, was man gewöhnlich behaupten hört, dass das Publikum die Kunst herabzieht; der Künstler zieht das Publikum herab, und zu allen Zeiten, wo die Kunst ver-fiel, ist sie durch die Künstler gefallen. Das Publikum braucht nichts als Empfänglichkeit, und diese besitzt es. Es tritt vor den Vorhang mit einem unbestimmten Verlangen, mit einem vielseitigen Vermögen. Zu dem Höchsten bringt es eine Fä-higkeit mit; es erfreut sich an dem Verständigen und Rech-ten, und wenn es damit angefangen hat sich mit dem Schlechten zu begnügen, so wird es zuverlässig damit aufhö-ren das Vortreffliche zu fordern, wenn man es ihm erst ge-geben hat."[47]

Viele Impro-Gruppen stehen vor dem Problem, dass sie ihre Büh-nenkarriere mit Impro-Games begonnen haben und über Jahre ihr Publikum gewissermaßen konditioniert haben. In Deutschland wurde über viele Jahre Improtheater gleichgesetzt mit Theater-sport. Wenn man dann etwas anderes anbietet, kann es geschehen, dass sich nach der Show einige Theatersport-Fans darüber be-schweren, dass es keinen Wettbewerb gab, anderswo würde man solche Impro-Sensationen wie Sprachen-Kauderwelsch, Arm-Rede

---

[47] Friedrich Schiller: *Über den Gebrauch des Chors in der Tragödie*

und Synchro-Spiele sehen. Für eine Impro-Gruppe, die sich seit Monaten müht, mit einer Langform klarzukommen, kann solch ein Feedback deprimieren. Und tatsächlich ziehen manche Gruppen daraus die Konsequenz, sich eben weiterhin den Games zu widmen und anspruchsvollere Formate fallenzulassen.

Dabei besteht „das Publikum" keinesfalls einfach auf Games. Es sind meist einzelne Zuschauer, die einem dieses Gefühl vermitteln, besonders wenn die Kritik sehr spezifisch ist. Diese einzelnen Zuschauer haben die von Schiller erwähnte Empfänglichkeit zugunsten einer konkreten Erwartungshaltung aufgegeben.

Dazu kommt, dass anspruchsvolle Formate eben auch schwerer zu spielen sind. Das Scheitern wird wahrscheinlicher, und lässt sich meist nicht so leicht durch das Format selbst auffangen. Man steht dann eben mit seinem Scheitern und einem möglicherweise enttäuschten Publikum da.

Ich möchte aber jeden Spieler und jede Gruppe dazu ermutigen, die eigenen Ansprüche nicht fallenzulassen, sondern schrittweise weiterzuentwickeln. Wenn man jahrelang Games gespielt hat und damit eine große Fan-Gemeinde aufgebaut und konditioniert hat, dann scheint es sinnvoll, sein Publikum nicht von heute auf morgen mit einer komplett veränderten Show zu überraschen, sondern die Shows nach und nach zu verändern:

- Immer wieder mal freie Szenen in die game-lastige Show einbauen.
- In der ersten Showhälfte Games spielen, in der zweiten Hälfte Langform.
- Von den bisherigen Shows abweichende Formate langfristig als Specials ankündigen und schauen, wie das Publikum darauf reagiert.

Aber auch in Shows selbst kann man beobachten, dass das Niveau absichtlich gesenkt wird, um Lacher zu kassieren. Der Impro-Spieler müht sich auf der Bühne ab und wird nervös, wenn das Publikum still wird. Er quält sich einen müden Gag ab, der die Szene ruiniert, bekommt ein paar Lacher vom Publikum und fährt dann fort, sich von Lacher zu Lacher zu hangeln. Schätzt die Stille! Ein absolut stilles Publikum langweilt sich nicht, sondern ist aufmerksam.

Natürlich ist es sinnvoll zu wissen, was für Zuschauer im Publikum sitzen. Sind es überwiegend Studenten? Haben zwei Lehrer ihre Schulklassen mitgebracht? Spielen wir eine gebuchte Show vor einem Team aus Ingenieuren, Managern oder Pädagogen? Feiern gerade mehrere Gruppen im Publikum ihre Weihnachtsfeier? Sind überdurchschnittlich viele Ausländer im Publikum?

Aber das Wissen um unser Publikum sollte uns nicht zu voreiligen Schlüssen veranlassen. So sind zum Beispiel Schülergruppen meistens wesentlich weniger vulgär als die meisten Impro-Spieler zu glauben scheinen. Ja, es gibt es die Klassen-Clowns, und natürlich erzeugen Themen wie Sexualität und Gewalt eine größere Reaktion als bei den meisten Erwachsenen, aber man denke an die eigene Jugend: Mit fünfzehn Jahren ist man doch nicht zu dumm, um einer längeren szenischen Sequenz zu folgen! Man ist nicht zu dumm für Ironie, für Tragik, für Symbolik.

> Bei einem kleinen Festival, an dem ich teilnahm wurden einige Spieler äußerst nervös, als klar wurde, dass ein Harold aufgeführt werden sollte. Sie monierten, im Publikum seien auch mehrere Kinder, einige davon nicht einmal zehn Jahre alt. Ein collagenhaftes Format wie Harold sei für sie überhaupt nicht nachvollziehbar. Am Ende der Show waren es gerade die Kinder, die sich für die Collage und die verschwindenden und wiederauftauchenden Themen begeisterten.

Gelegentlich äußern Spieler, dass, wenn man sich an den dümmsten anzunehmenden Zuschauer wende, das gesamte Publikum erreiche. Das Problem ist aber, dass ihr durch das Absenken des Niveaus die niveauvollen Zuschauer vergrault. Und da man nie wissen kann, wo das untere Niveau liegt, läuft man als Künstler Gefahr, sich in eine Abwärtsspirale zu begeben.

Del Close[48] sagte einmal:„Behandelt die Zuschauer, als seien sie Genies und Poeten, dann haben sie die Gelegenheit, auch welche zu werden." Man könnte hinzufügen: Wenn man sie wie einen Mob behandelt, dann werden sie auch einer.

In einer Comedy-Show, und die meisten Improtheater bieten nun mal Comedy, soll gelacht werden. Das heißt aber nicht, dass man dem dümmsten Lachen hinterherlaufen muss. Wenn man sich Shakespeares Komödien anschaut, wird man sehen, dass der Autor die Komik stets auf mehreren Ebenen laufen lässt: Körperliche Komik, Sprachwitz und geistiger Witz (etwa bei Missverständnissen, Verwechslungen usw.). Und während Shakespeare in rasantem Tempo diese Komödie abzieht, hat er fürs aufmerksame Publikum noch sprachliche und dramatische Finessen versteckt, die dem ungeschulten Ohr und Auge verborgen bleiben.[49] Zuschauer wollen in der Regel mehr als das schnelle Lachen. Sie bleiben euch treu, wenn ihr ihnen etwas mitgebt, woran sie sich noch am nächsten Tag erinnern können.

Die andere Seite der Geringschätzung ist die Arroganz. Sie ist im Improtheater zwar seltener anzutreffen als die Anbiederung, aber wir finden sie dann, wenn sich Improvisierer auf neue Formate und Experimente einlassen, die vom Publikum aber nicht zu hundert Prozent goutiert werden. Dann zermartern sich die Schauspieler den Kopf über ihr scheinbar ignorantes Publikum. Die Alternative wäre, sich zu überlegen, ob man das Format denn tatsächlich gemeistert hat. Manches, was sich auf der Bühne gut anfühlt, ist im Zuschauerraum betrachtet zäh und fade. Manchmal genügt es, an ein oder zwei Stellschrauben zu drehen, um eine an-

---

[48] Impro-Pionier aus Chicago und Erfinder des *Harold*-Formats.

[49] Ähnliches gilt für Mozart: Seine Musik gilt ja als überaus zugänglich, ja geradezu „einfach", was daran liegt, dass er ein großer Melodien-Erfinder war und im Grunde auch nicht besonders revolutionär. Seine Melodien sind beinahe immer am menschlichen Gesang orientiert. Aber für den Musik-Kenner verbirgt sich unter der süßen Oberfläche ein ungeheurer Schatz an harmonischen Wendungen, klanglicher Modulation und emotionalen Reichtümern. Mozart gelang es, seine Musik trotz hoher Ansprüche für möglichst viele Zuhörer konsumierbar zu halten und sich andererseits nie korrumpieren zu lassen oder sich auf billigen Pomp einzulassen.

spruchsvollere Show dem Publikum nahezubringen, ohne dass man das Niveau absenkt, zum Beispiel:

- Dauer der Showhälften verkürzen.
- In einer kurzen Anmoderation sagen, was man vorhat.[50]
- Die Show mit Humor auffüllen. Gönnt euch eine Prise Selbstironie.

4.2 „Glotzt nicht so romantisch!"

Im Jahr 1922 ließ der junge Dramatiker Bertolt Brecht bei der Premiere seines Stückes „Trommeln in der Nacht" Spruchbänder mit der Aufschrift „Glotzt nicht so romantisch!" aufhängen. Ein direkter Angriff auf die Sehgewohnheiten des Publikums, das sich an klassischen, naturalistischen oder romantischen Dramen delektierte. Der Zuschauer sollte nicht glotzen, sondern eine Position beziehen. Nun hat das moderne Theaterpublikum schon eine Menge Revolutionen miterlebt, Performances, absurdes Theater, Einsatz von Flüssigkeiten, politische Provokationen und eben auch Improvisation. Aber wann gestattet sich Improtheater, das Publikum echt zu provozieren und es aus seinen inzwischen auch oft verfestigten Impro-Sehgewohnheiten zu wachzurütteln?

Man kann sich natürlich auch immer fragen, welchen Sinn die Provokation haben soll. So wäre es wohl ziemlich sinnlos, das Publikum aus dem Nichts heraus zu beschimpfen.[51] Aber manchmal muss man sich von der allzu kuscheligen Nähe mit den Zuschauern verabschieden. Das heißt nicht, dass man das Publikum nicht

---

[50] Das ist vor allem dann angebracht, wenn man mit weniger bekannten Genres oder schwerzugänglichen Formaten hantiert. Wenn man zum Beispiel ein komplettes Stück im surrealistischen Stil improvisiert, könnten unbedarfte Zuschauer von der „wirren Story" enttäuscht sein. Man gibt ihnen einen Kompass mit auf den Weg, wenn man vor der Show kurz erklärt, dass Surrealismus eher wie ein Traum zu lesen ist.

[51] Selbst dem Peter-Handke-Stück „Publikumsbeschimpfung" ist eine lange Einleitung vorangestellt, die die dann folgende eigentliche Beschimpfung rahmt und sehens- und hörenswert macht.

trotzdem lieben sollte. Aber genau wie in einer Liebesbeziehung sollte man nicht klammern.

Experimente

Riskiert Distanz zum Publikum, wenn ihr neue künstlerische Formen ausprobieren wollt. Wenn ihr ein treues Theatersport-Publikum habt, dann müsst ihr damit rechnen, dass eine komplexere Improvisation oder etwa ein längeres improvisiertes Theaterstück bei einigen Zuschauern Befremden auslöst. Vielleicht müsst ihr euch sogar selbst scharfe Kritik anhören oder hinnehmen, dass einige Zuschauer die Show verlassen. Aber auf lange Sicht könnt ihr durchaus gewinnen, wenn ihr euer Profil schärft und das spielt, was ihr selbst mögt.

Publikum necken

Wer würde schon von der Bühne aus, einen Zuschauer „Pisser" nennen? Der Komiker Kurt Krömer tat das in einer Live-Fernsehsendung: Einen Zuschauer, der während der Show diskret aufstand, um auf die Toilette zu gehen, verfolgte er mit Kamera und Mikrofon, „verhörte" ihn todernst und neckte ihn mit Wasserstrahlgeräuschen: „Tssss!" Das Ganze war allerdings so liebevoll und ironisch, dass das Publikum, einschließlich des Toilettengängers, ihn liebte. Krömers Beschimpfungen sind auf eine Weise drastisch und überraschend, dass einem als Zuschauer klar wird, wieviel Anbiederei man von der Bühne herab normalerweise erfährt.

Politische oder religiöse Provokation

Der 1966 verstorbene Komiker Lenny Bruce war dafür bekannt, seine Bühnenshows fast ausschließlich zu improvisieren. Er eckte überall an, benutzte obszöne Begriffe, beleidigende Bezeichnungen, politisch unkorrekte Schlagworte. In seinen Shows beleidigte er Priester, Prominente und teilweise auch Zuschauer. Für seine

Shows kam er mehrfach vor Gericht. Inzwischen sind viele der damaligen Themen nicht mehr anstößig.[52] Kritik an der aktuellen Regierung gehört heute zum erwartbaren Teil eines Fernsehabends. Aber abhängig vom Publikum kann es durchaus Themen geben, die als heikel empfunden werden. Das betrifft in einigen Landstrichen ganz gewiss die Religion, vor einem studentischen Publikum Aspekte der politischen Korrektheit, aber auch ästhetische Fragen. Wem bestimmte Themen am Herzen liegen, braucht unter Umständen gehörige Chuzpe und die Bereitschaft, einen Teil des Publikums zu verprellen.

4.3 Vorschläge und Vorgaben

4.3.1 Brauchen wir überhaupt Vorschläge?

Momentan nutzen sicherlich 99 Prozent aller Improtheatergruppen Vorgaben und Vorschläge[53] aus dem Publikum. Interessanterweise sprechen sich aber einige führende Impro-Lehrer und -Schauspieler gegen die Verwendung von Publikumsvorschlägen aus. Keith Johnstone etwa ist der Meinung, dass das Publikum, wenn man es fragt, generell lustiger sein will als die Schauspieler und dann alberne, teilweise demütigende Vorschläge einruft.[54] Ebenso wie Johnstone glauben auch TJ & Dave, dass Publikumsvorschläge die Spieler von dem ablenken würden, was gerade in

---

[52] Nimmt man allerdings die Perspektive mehrerer Jahrzehnte ein, scheint es Wellen von politischer Korrektheit und Prüderie zu geben wie auch Gegenwellen von allgemeinem Laissez faire. Derzeit (2019) werden an einigen amerikanischen Universitäten Komiker auf politische Korrektheit gescannt, bevor sie auf dem Campus auftreten dürfen.

[53] Eine Vorgabe ist ein Element, das in der Szene unbedingt eingesetzt werden muss. Ein Vorschlag ist ein weniger verbindlicher Stimulus, eine Inspiration für die Szene. Die Begriffe werden im deutschen Impro-Jargon fließend verwendet.

[54] Keith Johnstone: *Theaterspiele. Spontaneität, Improvisation und Theatersport*

diesem Moment passiert.[55] Die Arbeit des Impro-Spielers würde dazu degradiert, Vorgaben „abzuarbeiten".

Auf der anderen Seite stehen jene, die glauben, ohne Vorschläge zu spielen, sei Betrug am Publikum, oder zumindest offenbare man damit eine gewisse Arroganz. Das Aufgreifen des Publikums-Vorschlags sei die beste Art, eine Verbindung zu den Zuschauern herzustellen.[56]

Ich glaube, dass beide Seiten zwar richtige Argumente vortragen, aber dass keine Seite in ihrer Absolutheit Recht hat.

Warum man es dem Publikum zumuten kann, ohne Vorschläge zu spielen

Improvisation entsteht aus dem Moment heraus. Und wenn wir diesen Moment erfassen, den Moment des Spiels, den Impuls der gemeinsamen Kreativität, wenn wir ungehinderten Zugriff auf unsere Assoziationskanäle zulassen und uns von unseren Partnern und unseren eigenen Gedanken überraschen lassen, dann brauchen wir tatsächlich keine Vorschläge aus dem Publikum, um improvisieren zu *können*. Um das klar zu sehen, brauchen wir nur einen Blick auf die improvisierte Musik zu werfen: Zwar finden sich auch dort inzwischen Musiker, die sich von Vorschlägen des Publikums inspirieren lassen, aber die große Stilrichtung der Impro-Musik des 20. Jahrhunderts, nämlich der Jazz, kommt ohne Publikumsvorgaben aus.

Manche Impro-Spieler wenden ein, erst die Vorgaben würden „beweisen", dass wir wirklich improvisieren. Das tun sie aber nicht. Zuschauer werden *gerade* wenn man das betont, skeptisch und suchen dann (ähnlich wie bei Zauberkunststücken) nach den „Tricks". Die Skeptiker im Publikum überzeugt man am besten dadurch, dass man die Improvisation weniger als Sensation hervorhebt, sondern den Fokus mehr auf den Prozess des Improvisie-

---

[55] TJ & Dave: *Improvisation at the Speed of Life*

[56] So äußerte sich zum Beispiel Randy Dixon im Gespräch mit dem Autor.

rens bzw. auf die Inhalte lenkt. Unter Umständen muss man sich auch damit abfinden, dass es immer eine Handvoll Skeptiker geben wird.

> Nachdem wir mit *Foxy Freestyle* ein komplettes Stück ohne Unterbrechung anhand von wenigen Publikumsvorgaben im Stil von Tennessee Williams improvisierten, lasen wir anschließend in einem Online-Kommentar zu unserer Show: „Das war ein außergewöhnlich schönes Stück, aber leider nicht improvisiert. Denn wenn das improvisiert gewesen wäre, müssten ja die Schauspieler Genies sein."

Bei aller unbeabsichtigter Schmeichelei wurde mir hier klar: Wir werden Zuschauer wie diesen nicht überzeugen können, es sei denn, wir appellieren vor solchen Shows kurz an ihr *Vertrauen* oder wir arbeiten als Impro-Community hart und langfristig daran, das Vertrauen des Publikums in die Improvisation herzustellen. Aber eine Impro-Gruppe kann sich ihr Publikum „erziehen" kann, wenn sie hartnäckig und mit hoher Qualität Improvisationstheater bietet, das ohne Vorschläge auskommt.

Zum Argument, nur durch Vorschläge könne eine wahre Verbindung zum Publikum hergestellt werden, ist anzumerken: In der Tat schlagen die eingebauten Vorgaben und inspirierenden Vorschläge eine Brücke zum Publikum, aber eben nicht die einzige. Man frage sich selbst: Was begeistert mich als Zuschauer mehr – eine runde, elegante Szene, in der der Flow der Spieler sichtbar wurde? Oder die schiere Tatsache, dass eine Handvoll Vorschläge eingebaut wurden? Die Freude der wenigen Zuschauer, von denen diese Vorschläge kamen, ist nicht zu unterschätzen. Aber die Freude des restlichen Publikums, die Umsetzung eines fremden Vorschlags zu sehen, darf man auch nicht *über*schätzen.

Was für die Verwendung von Publikums-Vorschlägen spricht

- **Vorschläge führen uns aus der Komfortzone.**
  Wenn man viele Jahre improvisiert, stellen sich unweigerlich Muster ein – man etabliert ähnliche Handlungen in ähnli-

chen Konstellationen an ähnlichen Orten mit ähnlichen Konflikten. Vorschläge aus dem Publikum können einen im positiven Sinne irritieren und zwingen, sich mit neuen Situationen auseinanderzusetzen. (Das setzt eine kluge Fragetechnik voraus, damit nicht immer dieselben Vorschläge zu hören sind.) Die Auseinandersetzung mit neuem Material zwingt uns Improvisierer zu neuen Lösungen und hält das Spiel auf der Bühne frisch.

- **Zeitersparnis in Kurzformen**
  In einer Szene, die nur wenige Minuten dauern soll, spart man Zeit, da nicht sämtliche Plattform-Elemente[57] nach und nach gemeinsam etabliert werden müssen. Wenn man schon weiß, dass wir Mutter und Vater sind, die im Garten den Kindergeburtstag vorbereiten, können wir sofort zum Kern der Szene kommen.

- **Verbindung zum Publikum**
  Die Verbindung zum Publikum wird verstärkt, wenn die Vorschläge aufgenommen und kreativ verarbeitet werden. Wir improvisieren dann nicht mehr nur *für* das Publikum, sondern auch *mit* dem Publikum. Die Verbindung wird noch intensiver, wenn es um mehr als „Vorgaben" geht. Denn wenn wir das Publikum nach Vorgaben fragen, wird es versuchen, „originell" zu antworten. (In mit Vorgaben vollgestopften Szenen sieht man dann „Eine Oper, in der ein Yeti in der Sauna von einem Pinguin rasiert wird".) Das kann zwar im Einzelfall mal ganz witzig sein, bleibt aber letztlich belanglos. Vorschläge, die auf das Persönliche zielen, haben das Potential, die Storys emotionaler werden zu lassen, da sie dem einzelnen Zuschauer mehr bedeuten und das gesamte Publikum *weiß*, dass das so ist. Die Vorschläge schlingen also ein einmaliges Band um Publikum und Improvisierer. Es ist,

---

[57] Unter „Plattform" verstehen wir hauptsächlich das Wer/Wo/Was einer Szene. Siehe ausführlich dazu: *Improvisationstheater. Band 3. Szenen improvisieren*

als sei man eine verschworene Gemeinschaft, die ein geheimes Spiel spielt.

4.3.2 Nach Vorschlägen fragen

Häufige Vorschläge oder Fragen personalisieren

Wenn wir die Zuschauer nach Vorschlägen fragen, wollen wir natürlich am liebsten Dinge hören, die wir vorher noch nicht zu hören bekamen, die unsere Assoziationskanäle öffnen, kurz – die uns inspirieren!

Stattdessen hört man aber im Improtheater immer wieder dieselben Fragen und dieselben Vorschläge.

> „An welchem Ort soll die Szene spielen?" – „Paris!"

> „In welcher Beziehung stehen diese beiden Personen zueinander?" – „Geschwister!"

> „Nennen Sie mir einen Beruf!" – „Klempner!"

Vorschläge dieser Art werden eingerufen, wenn

- die Zuschauer dazu aufgefordert werden, rasch das zu sagen, was ihnen als erstes durch den Kopf geht und
- die Fragen so wie in den Beispielen oben gestellt werden.

Vorschläge wie Paris und Klempner sind im Grunde Prototypen für das, was wir erfragen.[58] Paris ist einfach der Ort, der den meisten Menschen als hoch assoziative Stadt als erstes einfällt (und ist übrigens auch im englischen Sprachraum die geographische Ortsvorgabe Nummer Eins).

Fragt man nach „Berufen", hört man als Antwort fast immer Handwerksbezeichnungen. Auch wenn es inzwischen in Deutschland wahrscheinlich wesentlich mehr Informatiker als Klempner

---

[58] Dieses Prototypen-Denken wird noch offensichtlicher, wenn man das Publikum kollektiv nach einem Werkzeug fragt. Neunzig Prozent rufen natürlich „Hammer!"

gibt, hängen die alten Berufsbezeichnungen tief in unserem kollektiven Bewusstsein fest.

Die regelmäßige Antwort „Geschwister" erklärt sich dadurch, dass zwei Schauspieler, die mit der gleichen Haltung auf der Bühne stehen, eine Art Ähnlichkeit suggerieren, wie man sie eben von Geschwistern kennt. (Oft hört man auch „Zwillinge!")

Wie lösen wir nun dieses Problem? Da wir die Zuschauer nicht ewig grübeln lassen wollen und auch keine ausgesprochen „originellen" Vorschläge brauchen, hilft es nichts, ihnen zu sagen, sie sollen uns mit etwas „besonders Schönem" inspirieren. Vielmehr sollten wir uns vorher selbst fragen: Was wollen wir wirklich vom Publikum hören? Was inspiriert uns?

Wenn wir uns darüber vor der Show Gedanken machen, werden wir kennen, dass uns Städtenamen in der Regel nichts bringen, da wir ja meistens einen *Schauplatz* für die Szene brauchen.[59] Die einfachste Lösung besteht also darin, genau das zu fragen: „An was für einem Schauplatz soll diese Szene spielen?"

Wenn man die berufliche Tätigkeit einer Figur erfragen will, hilft es, sich die Realität zunutze zu machen: Man kann die Zuschauer nach ihrer Tätigkeit fragen. Aber auch das kann einengen: Erstens scheuen sich manche Zuschauer, ihre berufliche Tätigkeit oder ihre Studienrichtung zu nennen, und zweitens kann es einengen, wenn das Publikum eher homogen ist.[60] Um dieses Dilemma zu umgehen, hilft es, bei Vorschlägen, die eine Figur ausstatten sollen, einen kleinen Umweg zu nehmen. Man fordert das Publikum kollektiv auf: „Denken Sie an eine Freundin oder einen Verwandten." Nachdem man zwei Sekunden gewartet hat, kann man verschiedene Zuschauer einzeln fragen:

---

[59] Improvisierer, die „Paris" hören, führen die Fragerei oft auf ähnlich Art weiter: „Und wo in Paris?" Dass hier in 99% der Fälle die Antwort „Eiffelturm" lautet, dürfte klar sein. Und es vergeht kein Tag, an dem nicht auf irgendeiner Impro-Bühne dieses Planeten eine Szene mit zwei Touristen am Eiffelturm gespielt wird.

[60] Eine Zeitlang hatte ich das Gefühl, ausschließlich vor Pädagoginnen und Informatikern zu spielen.

Wie heißt Ihre Person mit Vornamen?

Und Ihre mit Nachnamen?

Wie alt ist die Person, an die Sie gedacht haben?

Was arbeitet, lernt oder studiert sie?

Was macht sie liebenswert?

Ist sie liiert?

Hat sie Kinder?

usw.

Eventuelle Ungereimtheiten lassen sich ausgleichen. Wenn die Person 52 Jahre alt ist und die nächste Zuschauerin antwortet: „Meine Freundin studiert Veterinärmedizin", dann *ist* unsere Figur eben schon Veterinärmedizinerin.

Die Frage nach Schauplätzen lässt sich auf ähnliche Weise personalisieren:

- Wenn Sie an Ihre Kindheit denken: An welchem Ort in ihrer Stadt hielten Sie sich gerne auf?
- Wo lesen Sie gern?
- Wo haben Sie sich als Kind gern allein aufgehalten?

Ebenso für Gegenstände:

- Was liegt auf Ihrem Schreibtisch, was dort eigentlich nicht hingehört?
- Haben Sie in der letzten Zeit etwas bei Ebay verkauft?

Für Szenen-Titel:

- Wie heißt der Titel des Liedes, das sie als letztes auf ihrem Musik-Player gehört haben?

Für Dialogzeilen:

- Hat jemand einen Roman dabei? Schlagen Sie eine zufällige Seite des Buchs auf und lesen Sie den ersten Satz in wörtlicher Rede laut vor.

Die Vorschläge, die man auf diese Weise erhält, wirken plastischer und weniger „ausgedacht".

Bleibt zu klären: Wie gehen wir mit dem Problem um, dass wir für „Beziehung zwischen zwei Personen" häufig „Geschwister" hören? Auch das können wir personalisieren: „Denken Sie bitte an eine Person, die Sie persönlich kennen. *(kurze Pause)* In welcher Beziehung stehen sie zu ihr?"

„Witzige" Vorschläge

Intelligentes Fragen eliminiert auch gewollt „lustige" und obszöne Vorschläge. Wenn wir auf die Frage nach einem Ort einmal nicht „Paris" hören, ruft mit großer Regelmäßigkeit ein Witzbold „Buxtehude" oder „Castrop-Rauxel" rein – zwei Orte, die, im Deutschen vielleicht ulkig klingen, aber für niemanden, der nicht zufällig diese Orte gut kennt, Assoziationsräume schaffen. Und auch unser „Klempner" ist auch „lustig" gemeint. (Der Zuschauer erhofft sich irgendeine peinliche Klo-Szene.)

Viele Improvisierer hassen solche Hans-Lustig-Zuschauer, die oft etwas lauter und gröber sind sich als originell gegenüber ihren Freunden präsentieren wollen. Oder sind das nur Bilder, die die Improvisierer auf diese Zuschauer projizieren? Ein laut gerufenes „Bahnhofsklo!" *klingt* einfach dreister als das gleich laut gerufene Wort „Hotel-Lobby!" Es hilft, sich vorzustellen, dass das Publikum uns helfen will. Zuschauer sind in der Regel keine Impro-Profis. Sie wissen nicht, welche Art von Vorschlägen uns inspirieren. Sie sind medial abgefüttert mit Comedy. Also ist es unsere Verantwortung, so zu fragen, dass wir Vorschläge bekommen, die uns inspirieren.

In eine ähnliche Kategorie fallen auch obszöne oder vulgäre Vorschläge: Dildo, Porno, Mundgeruch, usw. Ich halte es für verkehrt, solche Vorschläge rundweg mit der Annahme abzutun, die betreffenden Zuschauer seien vulgär oder obszön. Oft sind es nämlich die Spieler selber, die solche Vorschläge regelrecht herausfordern, wenn auch unbewusst. Wenn die Show bereits mit dem Versprechen anmoderiert wird: „Egal was ihr uns hereinruft, wir machen eine Szene draus", dann wird das Publikum entsprechend konditioniert, sich *wirklich schwere* Vorschläge auszudenken. Der Hintergedanke ist: Schaffen die das wirklich?

Ähnlich ist es, wenn man die Zuschauer nach dem Alter einer Figur fragt: Sie gehen in die Extreme. Vier Jahre oder neunzig. Nicht dass man mit solchen sehr jungen oder alten Figuren keine Szene spielen könnte, aber als Hauptfiguren lassen sie sich nur sehr schwer behandeln, da sie zu wenig Herr ihrer Umstände sind.

Wenn einem die Art der Vorschläge egal ist, dann sind diese Ausführungen irrelevant. Will man aber den Zuschauern wirklich etwas mitgeben, lohnt es sich, sanft ihre Wünsche zu entdecken. Auf lange Sicht kann man auch unter diesem Aspekt das Publikum „erziehen". Wenn die Zuschauer nämlich merken, dass aus jedem Vorschlag etwas Schönes gemacht wird und Obszönität nicht gerade zum Unterhaltungswert der Show beiträgt, dann reduziert sich der Anteil solcher Vorschläge mit der Zeit.

Will man ehrliche Antworten bekommen, sollte man die Zuschauer direkt und einzeln zu befragen, zum Beispiel indem man sie bittet, sich zu melden, wenn sie etwas vorschlagen wollen. Wer einzeln und direkt gefragt wird, ist auch direkter für seinen Vorschlag verantwortlich als der, der sich im Mob verstecken kann. Sieht man mehrere Wortmeldungen, kann man auch anhand der Körpersprache und anderer äußerer Merkmale aussortieren:

- Keine betrunkenen oder kichernden Zuschauer fragen.
- Die Alphamännchen in Gruppen ignorieren.
- Die letzte Reihe meiden.[61]

---

[61] Zuschauer in den letzten Reihen sind öfters – absichtlich oder nicht – etwas losgelöst von der Show. Sie neigen dazu, eher zu werten und zu kommentieren als sich emotional zu engagieren. Ihre Haltung ist eher: „Wollen doch mal sehen, ob das etwas taugt."

Bekommt man dennoch einen „witzigen" Vorschlag, hilft es, ihn genau als das zu nehmen – als Witz. Man lächelt freundlich darüber, wie über einen Insider-Gag und geht zu einem anderen Zuschauer über.

Unbiographische Fragen – Wünsche, Kanalisierungen und Phantasie

Unsere Technik des biographischen Fragens versagt in manchen Fällen. Wenn wir zum Beispiel eine Szene im Stil von Shakespeare spielen wollen, nützt es nichts, nach der beruflichen Tätigkeit eines Zuschauers oder dessen Bekannten zu fragen, da es in der Renaissance oder im Mittelalter noch keine Webdesigner, Sozialpädagogen oder Psychologie-Studenten gab.[62]

Das „biographisierte" Fragen führt zwar zu ehrlichen Antworten, aber das Publikum wird um die Chance gebracht, wirklich *bewusst* den Inhalt der Szene oder des Stücks zu beeinflussen, indem es seine Wünsche formuliert.

Wenn wir schöne Antworten erhalten wollen, müssen wir geschickt fragen und schon durch unser Auftreten deutlich machen, dass wir keine „witzigen" Vorschläge erwarten, sondern *gemeinsam* mit dem Publikum etwas erschaffen wollen.

> Bei den Shakespeare-Impros von *Foxy Freestyle* hielten wir es für sinnvoll, das Publikum zu fragen, in welchem Land das Stück spielen soll. Drei (!) Mal erhielten wir die Antwort „Afghanistan", das in jener Zeit politisch im Zentrum der Aufmerksamkeit stand.
>
> Wir beschlossen, die Aufmerksamkeit des Publikums zu lenken, indem wir ihnen Beispiele gaben:
>
> „Viele Stücke von Shakespeare spielen natürlich in England, einige in Italien oder in der Antike. Stellt euch vor, man würde heute in einem Archiv ein unveröffentlichtes Stück von Shakespeare entdecken – wo könnte das spielen?"

---

[62] Ich weiß, es gibt Gruppen, die sich auf solchen Genre-Quatsch-Mix spezialisiert haben. Aber für mehr als einen kurzen Gag taugen solche Szenen kaum.

Möglich ist auch, mit biographischen Fragen zu beginnen und *danach* Wünsche des Publikums einzubauen, was sich besonders bei Langformen anbietet, die mit mehreren Vorschlägen arbeiten:

> „In diesem Stück wollen wir in die Wohnungen eines Hauses schauen. Weiß jemand von Ihnen, was seine Nachbarn arbeiten?"
>
> „Psychologin und Geschichtslehrer."
>
> „Gut. In welchem Zimmer wollen Sie die beiden zuerst sehen?"

Um die Aufmerksamkeit des Publikums zu steuern und das Prototypen-Problem zu vermeiden, kann man auch zum Anfangsbuchstaben-Trick greifen. Auf diesen Trick kamen wir, als wir eine Tarantino-Stil-Show spielen wollten und das vorhersehbare Problem vermeiden wollten, dass die Zuschauer Gegenstände, Figuren und Schauplätze nennen würden, die man entweder schon aus Tarantino-Filmen kannte oder die gewollt witzig waren.

> „Nennen Sie mir einen Buchstaben!" – „B!"
>
> „Wir brauchen einen Schauplatz, der mit B beginnt." – „Basketballplatz."
>
> „Einen Gegenstand, den man auch als Waffe benutzen könnte." – „Bohrmaschine."
>
> „Und ein Tier mit B." – „Biene."
>
> „Und schließlich einen amerikanischen Vornamen mit B für unsere Hauptfigur." – „Benny."

Dies sind alles tatsächliche Vorschläge aus besagter Show. Keinen dieser Vorschläge hätten wir bekommen, wenn wir nach *irgendeinem* Schauplatz, Gegenstand, Tier oder Namen gefragt hätten.

Für den *Harold* brauchen wir ein einziges Wort, das als Motto und Titel die komplette Langform bestimmt. Wenn man es mit einem wohlwollenden Stammpublikum zu tun hat, das regelmäßig inspirierende Vorschläge einruft, ist nichts dagegen einzuwenden, das Publikum en masse zu fragen. Das ist aber oft nicht der Fall.

Und es macht auch keinen guten Eindruck, auf der Bühne wählerisch zu sein und nach einigem Geziere sich erst für den fünften
Vorschlag zu entscheiden. Ein Wort wie „Kalbsleberwurst"[63] kann
zwar als Vorschlag für eine kleine Trash-Szene durchgehen, aber
will man damit eine Dreiviertelstunde zu tun haben? Die Lösung:

1. Sagt den Zuschauern, dass der Begriff tatsächlich für die
   nächste Dreiviertelstunde zum Oberthema wird.
2. Sie sollten kurz in sich gehen und nach einem Begriff suchen
   (der auch ein abstraktes Konzept oder ein Verb sein kann),
   der ihnen etwas bedeutet.
3. Wer einen Vorschlag hat, möge sich melden.

Manchmal brauchen wir auch Namen und Begriffe, die es noch
nicht gibt, etwa für Phantasie-Figuren oder imaginäre Orte. Nun
könnte man sagen, es trüge nicht wesentlich zur Inspiration der
Szene bei, wie unsere imaginäre kleine Stadt heißt. Aber „Kert-
schau" weckt andere Assoziationen als „Oberwerzlingen". Auch
hier kann man mit Buchstaben-Vorschlägen ein Wort bauen.

> „Nennen Sie mir einen Buchstaben!" – „V!"
>
> „Und nun einen Vokal." – „U!"
>
> „Wie könnte eine sächsische Kleinstadt heißen, die mit
> „Vu…" beginnt?" – „Vulzenwerda."
>
> „Danke."

Ungeschicktes Fragen

> Impro-Spieler: „Ich hätte gerne eine Beziehung!"
>
> Zuschauer: „Ich auch."

---

[63] Seit ich den Harold spiele, muss ich die Erfahrung machen, dass ungefähr ein Drittel
aller Wortvorschläge für dieses Format mit Lebensmitteln (meist mit Fleisch) zu tun
haben. Eine kleine Umfrage bestätigte diese Erfahrung als ein Phänomen, das international auftritt. Eines jener Impro-Mysterien, die man mal einem Psychologie-
Studenten für eine Seminar-Arbeit überlassen möchte.

Was sonst soll der arme Single-Zuschauer denken? Wir Improvisierer denken in Impro-Kategorien und benutzen Impro-Jargon. Zuschauer erleben dieselbe Show, sehen sie aber durch eine andere Brille. Für uns geht es darum, inspiriert zu werden. Zuschauer aber wissen nicht unbedingt, was uns hilft und was nicht. Sie suchen entweder nach der unterhaltsamsten beziehungsweise lustigsten Idee oder nehmen das, was ihnen als erstes durch den Kopf schießt, was dann auf Prototypen hinausläuft.

„Wer ist diese Person?"

„Angela Merkel."

Wenn man die Frage so stellt, kann man sich dieser Antwort sehr sicher sein (bzw. des prominentesten Politikers, über den das aktuelle politische Kabarett gerade seine Scherze treibt). Für uns als Improvisierer ist dieser Vorschlag spätestens nachdem wir ihn zum dritten Mal gehört haben, völlig wertlos, aber das wissen die Zuschauer nicht, denen täglich in Kabarett-Shows suggeriert wird, Politiker zu verspotten sei die Königsdisziplin der Comedy. Mit anderen Worten: Wer „Merkel" einruft, will helfen. Wenn wir also Vorschläge hören wollen, die auf soziale Rollen wie Hausbesetzer, Geliebte, Ärztin, Kunde im Matratzenladen, hinauslaufen, müssen wir anders fragen:

Wie sind die Wohnverhältnisse dieser Person?

In welcher Beziehung lebt diese Person?

Was arbeitet sie?

Wo befindet sich diese Person und was macht sie dort?

Manche Fragen laufen immer wieder auf dieselben Klischees hinaus, da sie der Semantik-Psychologie einen Streich spielen. Hier ein typisches Beispiel: Für die Hauptfigur ist es gut, ein Ziel oder einen Traum zu haben, um die Story voranzutreiben. Warum also nicht den Traum des Helden erfragen!

„Welchen Traum könnte ein Mensch haben?"

„Fliegen."

Die Antwort ist so unpassend wie unvermeidlich. In der Frage steckt die zum Klischee geronnene Formulierung „Traum der Menschheit", auf die man unweigerlich „Fliegen" assoziiert. Aber in Zeiten, in denen ein Flugticket billiger als eine Monatskarte im Öffentlichen Personennahverkehr ist und praktisch jeder Erwachsene unseres Kulturkreises schon die Erfahrung zu fliegen gemacht hat, ist so ein Vorschlag eigentlich ziemlich absurd. Hier hilft Biographisierung oder Personalisierung:

> „Denken Sie an eine Freundin oder einen Verwandten zu denken. Gibt es im Leben dieser Person eine große Sehnsucht?"

Noch ein Beispiel für personalisiertes, aber dennoch ungeschicktes Fragen:

> Wo waren Sie heute Mittag um 13 Uhr?

Man bekommt auf eine solche Frage fast immer dieselben Antworten:

- Im Büro.
- In der Uni.
- Am Mittagstisch.
- Zuhause.

Hört euch zu, wenn ihr mit dem Publikum kommuniziert. Wie verstehen die Zuschauer unsere Fragen? Bleibt klar, einfach und offensichtlich. Wenn man sich neue Fragen für Inspirationen überlegt und darauf mehrmals hintereinander unbefriedigende oder immergleiche Antworten bekommt, klopfe man die Fragen darauf ab, wie sie ein unbefangener Zuschauer versteht und welche Assoziationen sie wecken.

4.3.3   Alternative Möglichkeiten, Vorschläge einzuholen

Die Vorschläge des Publikums müssen nicht immer unmittelbar auf Zuruf kommen. Wir haben auch andere Möglichkeiten, die Wünsche des Publikums einzubinden.

Gegenstände

Fragt nach realen Gegenständen, die eine inspirierende und/oder zentrale Rolle in der Szene spielen sollen. Das kann man unter Umständen sogar vor der Show ankündigen, damit die Zuschauer gezielt Objekte von Zuhause mitbringen.

Storys

Man kann die Zuschauer ein kleines Erlebnis oder eine Anekdote erzählen lassen.[64] Hier ist es hilfreich, gezielt zu fragen, um markante Erlebnisse herauszukitzeln. Missgeschicke jeder Art hat fast jeder gut im Gedächtnis abgespeichert – eine Panne im Urlaub, ein Konflikt mit der Polizei, kleinere Unfälle usw.

Biografisch entscheidende Erlebnisse werden von den Zuschauern berichtet, wenn sie sich sicher sein können, dass die Storys respektvoll behandelt werden, schließlich öffnen die Zuschauer hier mehr als sonst ihr Herz. (Es ist ein Unterschied, ob ihr eine Trash-Szene auf den Zuruf „Weihnachtsmarkt" spielt oder ob ihr die Geschichte einer schmerzhaften Trennung verhohnepiepelt.)

Schriftlich

In einer Show, in der wir vier Charaktere intensiv ausstatten wollten, aber nicht zehn Minuten mit Moderationen verbringen wollten, ergab es sich, dass wir sechs Sektkühler aufstellten, in die die Zuschauer vor der Show jeweils Zettel in einer Kategorie werfen

---

[64] Das ganze Impro-Sub-Genre *Playbacktheater* beruht auf dieser Art von Vorschlägen. (siehe Seite 85)

sollten: Vorname, Familienname, Alter, angenehme Charaktereigenschaft usw.

Wer es noch spontaner und interaktiver haben will, kann den Zuschauern die Möglichkeit geben, ihre Vorschläge live per Smartphone in eine Cloud oder sonstiges soziales Netzwerk einzugeben (und dies wenn möglich auch zu projizieren).

Weitere Möglichkeiten

Ich denke, dass die Frage der Publikums-Einbindung die Impro-Community in den 2020er Jahren stark beschäftigen wird. Die neueren Technologien – soziale Netzwerke, Video-Streaming und Medien, die heute noch gar nicht existieren – können die Interaktion verstärken. Die überbordende Streiche-mit-versteckter-Kamera-Subkultur deutet an, dass auch im öffentlichen Raum noch Potential für Einbindung ins improvisierte Theater liegt.

4.3.4   Dildo, Puff und Bahnhofsklo – Vorschläge annehmen oder ablehnen

„An welchem Schauplatz soll die nächste Szene spielen?"

„Auf dem Bahnhofsklo!"

Was nun? Auch das geschickteste Fragen kann nicht garantieren, dass wir keine obszönen oder vulgären Vorschläge aus dem Publikum bekommen. Ob der betreffende Zuschauer den Improvisierern eine besondere Herausforderung stellen will oder ob er besondere Freude an derben Themen hat, lässt sich nicht genau sagen und ist im Grunde auch egal. Die Frage ist, wie *die Improvisierer* damit umgehen.

Viele Improvisierer haben sich hier die Technik zurechtgelegt, den Vorschlag humorvoll beiseitezuschieben, etwa: „Danke, aber es muss sich ja nicht um *Ihren* Lieblingsaufenthaltsort handeln."

Aber warum müssen wir einen Vorschlag wie „Bahnhofsklo" überhaupt ablehnen? Man weiß natürlich, welche unmittelbaren

Assoziationen dieser Vorschlag wachruft – Körperausscheidungen, Verruchtheit, Dreck, Billigprostitution, Drogenhandel und -konsum. Aber bedeutet das, dass unsere Szenen genau davon handeln müssen? Wie wäre es damit:

- Zwei Männer streiten um eine Frau.
- Zwei Polizistinnen diskutieren die ethischen Grenzen beim bevorstehenden Einsatz.
- Ein obdachloser Mann sucht mit seinem kleinen Sohn einen Schlafplatz.
- Ein flüchtiger Verbrecher versteckt sich vor der Polizei.
- Zwei Angestellte eines Schnellimbiss beenden ihren Arbeitstag.

Keine dieser Szenen muss mit dem unmittelbar Dreckigen zu tun haben. Das Dreckige wäre zwar *implizit* vorhanden, aber nicht vordergründiges Thema der Szene. Denn wer sagt, dass man bei einer Klo-Szene auf dem Klo sitzen muss?[65]

Bei eindeutig sexuellen Vorschlägen mag die Sache heikler sein. Aber eine Szene, die zum Beispiel in einem Bordell spielt, muss ja nicht unbedingt sexuell sein.

- Eine Prostituierte führt während ihrer Arbeitspause ein Telefonat mit ihrer Tochter.
- Der Gerichtsvollzieher diskutiert mit der Chefin.
- Der Hausmeister befüllt ein Aquarium.

Abgesehen davon birgt das Thema Sexualität durchaus Potential für Komik, insofern man es sanft behandelt, denn jede psychologische Klemme, die entsteht, wenn man sich zwischen den persönli-

---

[65] Andererseits kann auch das angedeutet werden, und ich rate dazu, das mal in einer Probe auszuprobieren: Zwei Freunde/Partner/Verwandte sitzen in benachbarten Klo-Kabinen und diskutieren über Gott und die Welt, wie es eben auch manchmal geschieht. Das Thema Klo selbst wird nicht berührt. Man denke an Quentin Tarantinos „Pulp Fiction", in dem es ganze sieben sichtbare Klo-Szenen gibt (plus einer angedeuteten). In einer sehen wir tatsächlich auch Vince Vega (John Travolta) auf der Schüssel sitzen. Keine dieser Szenen ist durch die Wahl des Schauplatzes widerwärtig.

chen Bedürfnissen und den sozialen Erwartungen bewegt, ist tendenziell komisch.

Die Skepsis gegenüber den Publikums-Vorschlägen geht manchmal so weit, dass Vorschläge abgelehnt werden, weil man dem Publikum a priori üble Absichten unterstellt.[66] Man umarme die Vorschläge wie die Angebote eines Mitspielers und versuche sich mental darauf einzustellen, so wenig wie möglich abzulehnen.

Ablehnen kann man in folgenden Situationen:

- Vorschläge, die an der Kategorie, die man erfragt, völlig vorbeigehen. Wenn wir zum Beispiel nach einer Emotion für die nächste Szene fragen und ein Zuschauer ruft: „Darth Vader!", so ist es recht offensichtlich, dass die betreffende Person nicht zugehört hat, sondern einfach nur ihren Begriff loswerden wollte.[67]

- Vorschläge, die die Grenzen des guten Geschmacks *extrem* überschreiten.

  Das hat auch fast immer mit der Form zu tun. Während man in einigen Langformen gewiss auch harte Themen wie Krieg, Aids oder häusliche Gewalt ansprechen kann, so sind sie doch für äußerst gag-lastige Games wie Armrede oder Wechsel/Wandel („Switch/Change")[68] ungeeignet.

- Vorschläge, die niemanden auch nur ansatzweise inspirieren. Wenn jemand das bereits erwähnte Buxtehude nennt, aber

---

[66] In einer Show, die ich sah, bat einer der Improvisierer um ein Musik-Genre für seinen nächsten Song. Ein Zuschauer schlug „Marsch" vor, was vielleicht ein angestaubtes, aber für Improvisierer leicht zu handhabendes Genre ist und praktisch nie vorgeschlagen wird. Mit einer kurzen Nazi-Assoziation tat der Impro-Spieler den Vorschlag als dumm und geschmacklos ab. An dieses Gefühl des Von-der-Bühne-Abgekanzelt-Werdens versuche ich mich zu erinnern, sobald ich selbst glaube, einen Vorschlag abweisen zu müssen.

[67] Hier könnte man noch versuchen, einen Bogen zu schlagen, indem man zum Beispiel fragt: „Welche Emotion ist denn für Darth Vader typisch?"

[68] Wechsel/Wandel: Vier Spieler. Zwei spielen die Szene, weitere zwei halten sich im Hintergrund bereit. Sobald der Spielleiter (oder Moderator oder ein ausgewählter Zuschauer) „Wandel!" ruft, tauschen die beiden Spielenden die Rollen. Wird „Wechsel!" gerufen, müssen die beiden Auswechselspieler die Rollen übernehmen.

weder die Schauspieler noch irgendjemand im Publikum einschließlich des Zurufers etwas über Buxtehude sagen kann, dann suche man einen anderen Vorschlag.

- Wiederholungen.

Wenn man für ein kurzes Game in zwei aufeinanderfolgenden Wochen den Schauplatz „Küche" bekommt, ist das kein Problem. Aber man will wohl kaum zwei Mal hintereinander einen Harold zum Thema „Karussell" spielen.

Wenn man sich also in diesen Situationen gezwungen sieht, den Vorschlag abzulehnen,

- behandle man den betreffenden Zuschauer besonders freundlich,
- sage *kurz*, warum man diesen Vorschlag nicht annehmen möchte
- und suche rasch einen anderen Vorschlag.

Pseudo-Fragen

„Ich hätte gern ein Gemüse!"

„Zucchini."

Die Spielerin beginnt eine Zucchini-Schnippel-Pantomime.

„Warum", so wollte ich wissen, „fragst du in den Shows immer wieder nach Gemüse?" – „Weil ich eben die Szenen gern mit Gemüseschnippeln beginne." Nun ist es bekannt, dass viele Spieler sich in Eröffnungen auf eine Standard-Pantomime einschießen. Aber soll man daran festhalten? Und wenn, wozu dann noch so tun, als hätte das Publikum irgendeinen Einfluss auf die Szene?

4.3.5   Umsetzen von Vorschlägen

Den ersten Vorschlag annehmen

> „Für unseren Harold brauchen wir heute ein einziges Wort, das die gesamte zweite Hälfte inspiriert. Ich bitte um Vorschläge."

> „Schneehuhn!"

> „Ah, danke. Und was haben Sie da hinten gerufen?"

> „Gitarren-Verstärker."

> „Hat noch jemand einen Vorschlag?"

> „Flugzeugentführung."

> „Und Sie?"

> „Was war noch mal die Frage?"

> „Gut. Ich glaube, dann nehmen wir den Gitarren-Verstärker."

Nehmt den ersten Vorschlag! Auch wenn ihr euch in diesem Moment keine Szene damit vorstellen könnt, fangt nicht an, wählerisch zu sein; denn sonst wirkt ihr unspontan und etepetete.

Unmittelbar umsetzen oder den Stein weit wegwerfen

Wenn eure Szene oder Story kurz ist, so sollte der sie inspirierende Vorschlag möglichst nahe am Beginn der Szene stehen. Angenommen, das Publikum schlägt als Inspiration „Schildkröte" vor und wir sehen ein Ehepaar darüber diskutieren, ob er mit zur Party ihrer Freundin kommt. In einer späteren Szene sehen wir im Haus der Gastgeber einen Hausportier mit einer Schildkröte im Terrarium, was aber für die Szene keine größere Rolle spielt, dann fühlt sich das Publikum betrogen. Weshalb haben die Schauspieler *überhaupt* gefragt? Im Idealfall gleicht ein Publikumsvorschlag der weißen Billardkugel, deren Anstoßbewegung alles Weitere beeinflusst.

Dennoch ist es manchmal angemessen, sich selbst eine Herausforderung zu stellen und vom Publikumsvorschlag zunächst *disso-*

zïeren. Wenn wir also zum Beispiel für ein mittellanges Stück als Titel „Pizza für den Kindergarten" bekommen, kann man zunächst eine Szene mit zwei Männern zeigen, die sich mit Macheten durch den Dschungel kämpfen. Die Herausforderung besteht dann darin, den Titel rasch zu rechtfertigen und zentral einzubauen. Wenn wir das nicht tun, etwa weil wir auch ohne ihn eine passable Theater-Impro hinkriegen, dann können wir die Publikumsvorschläge auch gleich weglassen.

Die Antwort nutzen, nicht die Frage!

Statt nach *irgendeinem* Gegenstand oder *irgendeinem* Schauplatz zu fragen, kann man durch eine begrenzende Frage den Fokus der Zuschauer schärfen und dadurch spezifischere Antworten bekommen. Populär sind zum Beispiel:

> „Gibt es einen Gegenstand, den Sie immer vergessen, aus ihrem Kofferraum zu entfernen?"

> „Schlauchboot."

Um der Prototypenfalle zu entkommen, sind solche Fragen durchaus hilfreich. Aber man sollte nicht den Fehler machen, die Hilfsprämisse der Frage (hier: Kofferraum) statt die Antwort (Schlauchboot) zu bespielen.

Die Vorschläge ernstnehmen

Durch die Vorschläge wird das Publikum zum Mitspieler der Szene. Der Vorschlag ist das eine „Angebot", das es uns gibt. Und dieses Angebot gilt es zu ehren, so wie wir das auch mit Angeboten unserer Mitspieler tun:

- Wir akzeptieren das Angebot.
- Wir bauen auf das Angebot.
- Wir gehen dem Grund-Impuls des Angebots nach.

Das heißt, je mehr es uns gelingt, den Vorschlag in all seinen Dimensionen auszuloten, umso mehr können wir dem Publikum (und besonders der einzelnen Person, von der der Vorschlag kam) zurückgeben. Man versetze sich in die Zuschauerperspektive. Angenommen, das Publikum wird nach einem beliebigen Wort gefragt und jemand ruft „Rotwein!"

Jetzt könnten die Spieler einfach eine Abfolge von Szenen mit betrunkenen Figuren zeigen und somit auf der banalen Oberfläche bleiben. *Oder* sie könnten der Poesie des Rotweins auf den Grund gehen! Wenn die entstehenden Geschichten unerwartet sind und eine neue Perspektive auf etwas scheinbar Banales werfen, dann geben wir auch den Szenen die Chance, den Abend zu überdauern. Und vielleicht wirst du, wenn du der vorschlaggebende Zuschauer warst, später immer wenn du ein Glas Rotwein trinkst, an diese Szene denken.

4.4 Zuschauer in die Szene einbauen

Improtheater durchbricht mehr als andere Formen des Theaters immer wieder die „vierte Wand". In besonderem Maße geschieht das, wenn wir Zuschauer auf die Bühne bitten, um mit uns zu improvisieren. Damit das überhaupt möglich ist, müssen wir ein paar Grundregeln beachten.

4.4.1 Freiwilligkeit und Anstupsbarkeit

Bemerkenswert viele Erst-Zuschauer im Improtheater setzen sich lieber in die hinteren Reihen – aus Angst, auf die Bühne geholt zu werden.

Eine der Grundängste des Menschen – sich vor größeren Gruppen zu äußern – haben Schauspieler (und Impro-Schauspieler im Besonderen) hinter sich gelassen. Bei unseren Zuschauern sollten wir diese Scheu jedoch respektieren. Nun gibt es verschiedene Tricks, jemanden auf die Bühne zu manipulieren, selbst wenn die-

ser es eigentlich nicht will. Aber abgesehen von der ethisch frag-
würdigen Übergriffigkeit schmälert dieses Verhalten das Vertrauen
des Publikums zu uns Spielern.

Wer nicht will, muss nicht.

Das gilt übrigens auch für das Beantworten von Fragen für
Vorgaben.

> Ich musste das auch auf die harte Art lernen. In einer meiner
> ersten eigenen Shows – das Thema Neujahr lag in der Luft –
> fragte ich einen Zuschauer in der ersten Reihe, wo er denn
> Silvester verbracht habe.
>
> Er antwortete: „Das möchte ich lieber nicht sagen."
>
> „Gut, dann sagen Sie uns doch bitte, wo Sie das Silvester da-
> vor verbracht haben."
>
> „Das möchte ich auch nicht sagen."
>
> Und in dem Moment, als mir der Satz: „Und wo waren Sie zu
> Silvester vor drei Jahren?" herausrutschte, dämmerte mir,
> dass er auch dazu nichts sagen würde, einfach weil er *über-
> haupt* nichts sagen wollte.

Wie wir schon gesehen haben, verraten positive körpersprachliche
Zeichen, ob man Zuschauer fragen oder gar zum Mitmachen bitten darf: Lächeln, Augenkontakt und eine entspannte geöffnete
Körperhaltung sind Zeichen dafür, dass man es wenigstens versuchen kann.

Es ist unangemessen, Zuschauer, die nichts sagen oder die
nicht mitmachen wollen, bloßzustellen oder über die Gründe zu
spekulieren. Man nehme die Verweigerung locker und stelle der
nächsten Person eine andere Frage. Denn oft ist die Frage, nachdem ein Zuschauer sich geweigert hat, sie zu beantworten, „kon-
taminiert".

Als Zuschauer auf die Bühne zu gehen, ist natürlich mit noch
größeren Hemmungen verbunden. Zwar gibt es manchmal begeis-
terte Freiwillige, aber auch viele schüchterne Zuschauer. Und dazwischen auch solche, die sich ein klitzekleines bisschen zieren. Sie

halten Blickkontakt, lächeln und sind aufmerksam, aber hatten eigentlich nicht vor, heute auf die Bühne zu kommen. Man kann ihnen ansehen, dass sie nicht völlig ablehnend sind, aber noch etwas schwanken, vielleicht weil sie mit öffentlichen Auftritten Blamage assoziieren, sich nicht für spontan halten usw. Hier – und nur hier! – ist ein klitzekleines Anstupsen in Ordnung. Man interpretiert das Schwanken als Quasi-Zusage und bittet den Rest des Publikums um Aufmunterungsapplaus. Das funktioniert in 95 Prozent der Fälle. Braucht man zwei Freiwillige auf der Bühne, kann man in den Applaus hinein die erste Person bitten, sich aus dem Publikum einen Partner auszusuchen, was fast immer gelingt.

Die Kehrseite des respektvollen Umgangs mit dem Publikum ist eine *zu höfliche* Herangehensweise:

> „Dürfte ich Sie, wenn es OK für Sie ist, fragen, in welchem Monat Sie geboren sind?"

> „Hm… November."

> „Gut. Und jetzt noch, aber nur wenn es Ihnen wirklich nichts ausmacht, Ihre berufliche Tätigkeit."

> „Doch, das macht mir was aus."

Wenn man während der Frage so um den heißen Brei läuft, verknüpft man das Antworten mit Peinlichkeit. Wird Nicht-Antworten als Option nahegelegt, flieht der befragte Zuschauer genau dahin.

Die Balance zwischen Direktheit und Höflichkeit muss man jedes Mal neu austarieren. Eine Grundhöflichkeit hilft, eine Brücke zu bauen. Und andererseits sollte man mit einem Gestus der Selbstverständlichkeit fragen, so als sei es das Normalste der Welt, in diesem Setting persönliche Fragen zu beantworten.

> „Ich würde Sie gern fragen: In welchem Monat sind Sie geboren?"

> „November."

„Vielen Dank. Und können Sie mir bitte noch rasch sagen: Als was arbeiten Sie?"

„Ich bin Erzieherin."

4.4.2 Umgang mit Zuschauern auf der Bühne

In manchen Games oder Formaten brauchen wir freiwillige Zuschauer auf der Bühne. Lasse sie glänzen. Erwarte nichts, gib alles. Vergiss nicht: Der durchschnittliche Freiwillige hat keinerlei Impro-Erfahrungen, keine oder sehr wenig Bühnenerfahrung und ist aufgeregt bis in die Haarwurzeln. Unsere Aufgabe ist es, ihm Spaß auf der Bühne zu verschaffen, der ihn von seiner Angst wegführt.

Das Publikum sollte Freiwilligen applaudieren, sobald diese die Bühne betreten. Dieser Beifall wird in der Regel, ohne dass man extra darum bittet, sehr stark sein, da sich die Zuschauer mit dem armen Freiwilligen identifizieren. Selbst für kurze Aufgaben – etwa zwei Spieler in eine Ausgangsposition zu stellen – darf es ordentlichen Beifall geben.

Baut man Freiwillige in Szenen ein, werden sie sich oft aus der kompletten Impro-Fehlerpalette bedienen – Angebote blockieren, durch gemimte Objekte laufen, die Realität verneinen, nichts definieren. Unsere Aufgabe besteht darin, die Szenen trotzdem interessant zu machen, und zwar indem wir die Figur des Freiwilligen erhöhen und seine Angebote, selbst wenn sie minimal sind oder gar nur aus einem „Nein" bestehen, positiv verstärken. Dabei hilft es, die Figur des Freiwilligen als klugen und kompetenten Hochstatus-Charakter anzuspielen.

> **Impro-Spielerin:** Frau Direktorin, in der siebten Klasse ist heute der Teufel los.
>
> **Freiwillige:** Was für eine siebte Klasse noch mal?
>
> **Impro-Spielerin:** Oh, Entschuldigung, Frau Direktorin, ich vergaß: Es ist die 7A.

Freiwillige *(im Privatmodus)*: Bin ich jetzt immer noch die Direktorin?

Impro-Spielerin: Oh, Entschuldigung, Frau Hagenstein, ich weiß, nach 14 Uhr dürfen wir nicht mehr „Direktorin" sagen.

Freiwillige: (sagt nichts)

Impro-Spielerin: Oh bitte! Schauen Sie mich nicht so an! Nicht wieder eine Bestrafung!

Freiwillige: Was denn für eine Bestrafung? Achso, doch, ja, genau, Sie werden bestraft.

Impro-Spielerin: Weil ich die 7A nicht im Griff habe?

Freiwillige: Nein. Oder ja?

Impro-Spielerin: Heißt das, Sie lassen mich diesmal gehen?

Freiwillige: Ja.

Impro-Spielerin: Sie sind die beste Direktorin, die wir je hatten, Frau Hagenstein.

Freiwillige *(jetzt platzt bei ihr der Knoten)*: Sie haben mich schon wieder Direktorin genannt!!

Die Angst kann sich bei einigen Freiwilligen auch als Flucht nach vorn äußern: Sie werden laut, versuchen auf der Bühne „witzig" zu sein. Beim Publikum kann dann schnell der Fremdschäm-Effekt einsetzen. Die Versuchung liegt für einige Impro-Spieler nahe, sich mit dem Publikum gegen diese überbordenden Freiwilligen zu verbünden. Da genügt schon ein kleines Augenrollen, wenn er die dritte Strophe seines gegrölten Lieds beginnt. Dieser Versuchung zu widerstehen, gelingt uns dann, wenn wir auch diesen Zuschauer lieben und sein Verhalten als eine Form der Angst begreifen, wie man ihr auch bei Impro-Anfängern begegnet. Feiert den Mut auch des peinlichsten Freiwilligen. Umso höher wird euch das Publikum eure Großzügigkeit anrechnen.

4.4.3 Einbindung des Gesamtpublikums ins Stück oder die Szene

Das zwanzigste Jahrhundert hat die vierte Wand des Theaters durchlöchert. Improtheater nutzt die Interaktion mit dem Publikum, aber meist nur vor einer Szene oder vor einem Stück. Die Zuschauer geben den Schauspielern vor, was zu tun ist, bleiben aber sonst praktisch unbeteiligt. Improtheater steht also manchmal noch mit einem Bein im 19. Jahrhundert.

Zunächst lässt sich das Publikum als Masse einbinden. Die Szene spielt in einem Café oder auf einer Party? Die Zuschauer könnten die anderen Gäste sein, die man eben auch mal direkt ansprechen darf.

Wunderbar lassen sich Zuschauer auch integrieren, wenn es um Hintergrundgeräusche geht. Allerdings ist es hier dringend geraten, eine gute Balance zu finden, denn ein geräuschemachendes Publikum versteht wenig von dem, was auf der Bühne stattfindet.

Wer musikalisch improvisiert, kann das Publikum mitsingen lassen. Es bieten sich Kehrreime oder Refrains an. Mit ein bisschen Erfahrung lässt sich auch ein großes Publikum mehrstimmig dirigieren. Der Effekt ist ungeheuer kraftvoll.

Ich denke aber, die aktive Einbeziehung des Publikums ins Improtheater hat noch gar nicht richtig begonnen. Hier können wir uns von den Errungenschaften des nicht oder halb improvisierten modernen Theaters noch Einiges abschauen. Man denke an die Crossover-Performances der Blue Men Group, an modernen Zirkus, an die Grenzen sprengenden Inszenierungen der Berliner Volksbühne, an Straßentheater usw. Das Publikum kann mehr sein als nur Konsument und Stichwortgeber. Improtheater könnte hier für die Theaterbewegung zum Impulsgeber werden.

4.5   Feedback vom Publikum

Einige Impro-Spieler (oder überhaupt Darsteller im Kleinkunstbereich) haben ein zwiespältiges Verhältnis zum Publikumsfeedback: Einerseits lechzen sie regelrecht nach Streicheleinheiten. Der Applaus genügt nicht, sie brauchen auch den verbalen Zuspruch. Sie suchen die Bestätigung für ihren Auftritt in Gästebüchern und im Internet oder auch im direkten Gespräch mit Zuschauern nach der Show. Aber wehe, wenn es kein Lob gibt. Dann haben die Zuschauer die Show nicht verstanden, sind humorlos, haben von Improvisation (oder Schauspiel, Storytelling usw.) keine Ahnung.

Mit anderen Worten: Eitelkeit ist für viele Schauspieler die größte Hürde, mit Zuschauer-Feedback angemessen umzugehen.

4.5.1   Einordnung des Feedbacks

Bei anonymem Feedback, wie zum Beispiel im Internet oder in Gästebüchern, ist oft unklar, mit welchen Erwartungen der Zuschauer in die Show gekommen ist und aus welcher Perspektive er sie betrachtet.

Den Zuschauern geht es so gut wie nie um Technik. Ihnen ist es ziemlich egal, ob ein Angebot blockiert wurde oder ob die Elemente einer Geschichte sinnvoll wieder eingebaut wurden. Sie freuen sich über starke Charaktere und große Emotionen, über Spontaneität und Mut.

Das hat zur Folge, dass Improvisierer für Elemente in der Show gelobt werden, die für sie selbst keine große Herausforderung darstellen.

In einer Show des Ensembles *Foxy Freestyle* gelang es uns, mit enormem Fokus eine anspruchsvolle Langform zu bewältigen. Hinterher lagen wir uns im Backstage in den Armen: Die Storys waren rund, die Charaktere komplex, das Zusammenspiel klappte wunderbar. Und wofür wurden wir von den Zuschauern gelobt? Für eine kleine Passage, in der eine Nebenfigur kurz im Französisch-Kauderwelsch sprach.

Noch schwieriger wird es, wenn das Publikum einzelne Spielzüge lobt, die eigentlich für die Mitspieler anstrengend waren, vor allem Blockieren und Dauer-Gagging. Der solcherart geschmeichelte Improvisierer wird, wenn er seine Eitelkeit nicht im Griff hat, somit ermutigt, weiterhin auf solche Züge zurückzugreifen. Aber für die Beurteilung der Show sollten drei Perspektiven beachtet werden: Die eigene, die des Publikums und die der Mitspieler. Wenn in diesem Dreier-Spiel etwas permanent aus dem Gleichgewicht geraten ist, solltest du etwas ändern. Wenn dich deine Mitspieler also immer wieder für unkooperatives Verhalten rügen, solltest du wohl dem Feedback der Zuschauer weniger und dem der Mitspieler mehr Aufmerksamkeit schenken.

4.5.2 Zuschauer-Primat des Entertainment

Was immer auch der einzelne Zuschauer über die Show sagen wird, wie oberflächlich oder gründlich er sie analysiert, eines wird ihn nicht trügen: Das Gefühl gut oder weniger gut unterhalten worden zu sein.

Und so müssen wir kritische Äußerungen manchmal mit einer gewissen Distanz betrachten. Zum Beispiel bezieht sich Zuschauerkritik an Langform-Shows fast immer auf die Story: Die Fäden der Storys seien teilweise nicht recht zusammengekommen, die Motivation des Characters XY sei nicht stark genug gewesen, dass sich der Ehemann der Heldin so entschieden habe, sei unglaubwürdig gewesen usw.

Die Zuschauer haben hier meistens Recht und Unrecht zugleich. Oft haben sie Recht mit der Beschreibung einzelner Fehler, vor allem aber, und das ist das Entscheidende haben sie aber Recht mit dem Grundgefühl, für sie selbst hat etwas nicht gestimmt. Sie haben aber Unrecht, insofern sie oft nicht erkennen können, *warum* eine Show ihnen nicht zusagt. So zum Beispiel mangelt es in misslungenen Shows oft eher am Timing als an Storyplot-Elementen. Wenn wir eine Show sehen, in der jede Szene die gleiche Länge hat, führt das zu leichter Ermüdung, egal wie gut die Einzelszene gewesen sein mag. Als Zuschauer spürt man aber weniger diese zeitliche Zumutung, sondern sucht den Grund dafür im Inhalt der Szenen und Storys.

4.5.3   Produktives Aufnehmen von Zuschauer-Feedback

Einträge in Gästebüchern gehen selten über ein *„Weiter so! Wir kommen wieder. Corinna & Fina"* hinaus: Daher finden einzelne längere Ausführungen immer besondere Aufmerksamkeit der Spieler. Besonders wenn jemand harsche Detailkritik übt, kann rasch das Maß für die Beurteilung verloren gehen. Man bedenke: Das ist nur *ein* Zuschauer. Natürlich sollte man die Kritik auch ernstnehmen, aber darüber man muss nicht gleich den tosenden Applaus vergessen. Wenn wir das Feedback der Zuschauer mit professioneller Distanz und Relativierung aufnehmen sollen, wozu überhaupt noch Zuschauer-Feedback? Genügt nicht der Applaus, um uns ein Grundgefühl dafür zu vermitteln, ob etwas funktioniert hat oder nicht?

Das Einzel-Feedback, insbesondere wenn es sich auf Details der Show bezieht, kann uns die Augen für Dinge öffnen, die uns sonst nicht bewusst sind. Als beteiligter Spieler hat man immer eine etwas andere Wahrnehmung, bedingt durch die physische Anwesenheit auf der Bühne und das spielerische Gefordertsein.

Den größten Streich spielt einem aber der blinde Fleck des Künstlers: Wenn man sich lange und tief in die eigene Kunst vertieft, sich neue Formen und Sprachen erarbeitet, kann man manchmal die Perspektive des Zuschauers verlieren. Das kann einerseits zu avantgardistischer Unverständlichkeit führen, aber auch zu Stupidität, da einige Konventionen des Improtheaters einfach unhinterfragt übernommen werden. Nehmen wir folgende Feedbacks:

- Ihr könntet mit eurem Kabarett ruhig ein bisschen politischer sein.

- Man durfte ja nur zu Beginn der Show einen Vorschlag geben, danach habt ihr irgendwie euer Ding allein gemacht. Das hat mit Improtheater, wie wir es kennen, nichts zu tun.

Beide Kritikpunkte könnte man leicht abtun. Erstens: Wir *wollen* ja gar kein politisches Kabarett sein. Zweitens: Improtheater ist eben mehr als Games nach Zuschauervorgaben. Aber lässt sich das Feedback nicht auch produktiv aufnehmen? Zwar haben wir es in beiden Fällen mit Zuschauern zu tun, die *diese* Art von Improtheater noch nicht gesehen haben. Doch die Gruppe, die dieses Feedback liest, könnte sich zum Beispiel auch fragen, ob Improtheater nicht zu oft vor Politischem zurückschreckt. Wollen wir politischer werden? Vielleicht lautet die Antwort Nein. Es lohnt sich, solche Fragen ergebnisoffen zu diskutieren. Zum zweiten Feedback könnte man diskutieren, ob man, solange ein Großteil des Publikums offenbar „game-lastiges" Improtheater gewohnt ist, das eigene Format transparenter macht und die Abweichung ankündigt.

Ich will damit nicht sagen, dass jeder Gästebuch-Eintrag oder Social-Media-Kommentar endlose Gruppendiskussionen erzeugen muss. Aber ab und zu einen Gedanken auf die Publikumsperspektive zu verwenden, kann durchaus produktiv sein.

4.5.4 Mündliches Feedback – Sag einfach Danke!

Manchmal sind Shows für den Einzelspieler etwas unbefriedigend: Man hat das Format nicht bewältigt, zwei Namen vergessen, der Song war weit unter Niveau und eine der Szenen war schlichtweg peinlich. Zeit, um an der Bar ein Bier zu trinken. Da spricht einen eine Zuschauerin an und sagt, dass diese Show das Beste ist, was sie seit Jahren gesehen hat.

Wie reagiert man jetzt? Viel zu oft übertragen deprimierte Spieler ihre Unzufriedenheit nach der Show auf die Zuschauer: „Ach, wir haben doch die Story vermurkst." oder „Ich habe heute völlig unter meinem Niveau gesungen."

Auch wenn die Enttäuschung noch frisch ist: Sag einfach Danke! Es gibt keinen Grund, den Zuschauern ihre Freude zu nehmen oder ihnen unterschwellig zu suggerieren, sie hätten kein Verständnis für die wahre Kunst.

Für Anfänger fühlt sich Zuschauer-Lob manchmal irritierend an. Man glaubt, es nicht einfach so stehenlassen zu können und fühlt sich bemüßigt, lange Erklärungen abzugeben. Aber Danke sagen genügt.

Aber auch für negatives Feedback kann man sich bedanken. Selbst wenn man die Meinung nicht teilt, kann man sich dafür bedanken, etwa mit: „Vielen Dank. Das werde ich mir mal durch den Kopf gehen lassen." Bei Kritik von Stammzuschauern, Freunden und Kollegen kann man nachhaken, was genau gemeint ist.

4.5.5 Feedback von Technikern und Musikern

Auch wenn Techniker und Musiker Teil der Show sind (und selbst auch Feedback für ihre Arbeit bekommen sollten), so befinden sie sich doch etwas abseits vom dramatischen Geschehen der Bühne. Das erlaubt ihnen einen professionellen, semi-beteiligten Doppelblick. Als Mit-Zuschauer können sie sagen, ob sie sich amüsiert haben, und als Künstler teilen sie unser Vokabular, um uns anvertrauen zu können, was gut und was weniger gut lief.

Gerade die Techniker können die Nabelschau des Impro-Ensembles relativieren – sowohl die Selbstbeweihräucherung als auch die Selbstzerfleischung. Erfahrene Techniker haben oft ein gutes Gespür fürs Timing. In der Pause können sie eine gute Hilfe dafür sein, ob man das Tempo anziehen oder mehr Ruhe einkehren lassen sollte.

4.6 „Schwierige" Zuschauer

Wir haben gesehen, dass wir als Improvisierer auch aus scheinbar unangenehmen Vorschlägen gute Szenen spielen können. Selbst wenn der Vorschlag von Zuschauern kommt, denen man eine gewisse Attitüde anmerkt, lässt sich das oft sanft ausgleichen. Man braucht dafür aber manchmal einen langen Atem und guten Willen.

Meistens sind „schwierige" Zuschauer weniger schwierig als es den Anschein hat. Nehmen wir 15jährige Schüler. Viele meiner Kollegen grausen sich vor dieser Altersgruppe – man unterstellt den Teenagern, sie würden rumpöbeln und es ginge nur um Sex. Es ist aber ein Fehler, diese Publikumsgruppe als niveaulos einzustufen, weil die erste eingerufene Vorgabe „schwul"[69] lautet. Wenn man nun Ordinäres bietet und eine deftige Schwulen-Parodie liefert, im Glauben, das hätten sie ja selber gewollt (Applaus und Gejohle scheinen die Vermutung zu bestätigen), dann ist man schon im Teufelskreis. Aber was, wenn man den Vorschlag ernst nimmt und einfach ohne jegliches Klischee ein schwules Paar spielt, ohne dass die Sexualität als solche überhaupt thematisiert wird? Die Erfahrung zeigt, dass auch das honoriert wird, solange die Szene gut ist.

Manche kleinere Störungen wachsen zu großen Störungen an, wenn wir ihnen eine übergroße Bedeutung geben oder die Störungen persönlich nehmen.

- Der gähnende Zuschauer in der ersten Reihe,
- Die beiden Mädchen, die immer wieder auf ihr Handy starren,
- Ein Pärchen, das mitten in der Show geht.

Es kann hunderte Gründe geben, warum der Zuschauer in der ersten Reihe gähnt, und davon ist Langeweile nur einer. Und selbst wenn jemand von uns nicht begeistert ist, so ist das erst mal nur ein Zuschauer oder ein kleines Grüppchen. Die Zuschauer sind, als

---

[69] Der Grund dafür, dass das gerade von Jugendlichen so häufig eingerufen wird, ist banal: Sexuelles an sich ist für Jugendliche schon mal wahnsinnig interessant. Und Homosexualität als Abweichung von der Hetero-Norm sowieso. Darüberhinaus ist Homosexualität ein beliebtes Thema schlechter Comedy und dummer Schulhofwitze. Der Reinrufer verspricht sich also den größtmöglichen Spaß.

sie ihr Ticket gekauft haben, keine Verpflichtung eingegangen, alles toll zu finden, was ihr auf der Bühne produziert.

Kleinere Störungen sollte man am besten überhaupt nicht thematisieren. Sonst kann man es sich mit den betreffenden Zuschauern selbst verscherzen, aber schlimmer noch – mit dem gesamten Publikum, da man einen Mangel an Souveränität gezeigt hat. Als Improvisierer geben wir ja das Versprechen ab, spontan und positiv zu sein. Wenn man sich durch Marginalien aus dem Konzept bringen lässt, beweist man praktisch das Gegenteil.

Aber manche Störungen werden von anderen Zuschauern durchaus als dauerhaft lästig betrachtet werden oder sind dermaßen nervtötend, dass sie die Aufführung beeinträchtigen. Hier spreche ich nicht vom absichtlichen aggressiven Stören des Bühnengeschehens, sondern von Verhalten, dass von den Störern selbst gar nicht wahrgenommen wird.

Sollte man sich also gezwungen sehen, eine solche Störung anzusprechen, besteht die Herausforderung darin, einerseits souverän zu bleiben (d.h. zum Beispiel nicht in zapplige Genervtheit verfallen) und andererseits, die Störer nicht von oben abzukanzeln. Heiterkeit und Gemeinsamkeit sind hier der Schlüssel. Dabei ist gar nicht entscheidend, was man sagt, sondern *wie* es beim Publikum ankommt. Wenn man also zum Beispiel während der Moderation auf zwei sich hörbar unterhaltende Zuschauerinnen mit der Bemerkung eingeht: „Wollen wir noch eine kurze Pause machen?", dann hängt offenbar alles vom Ton ab. Sage ich es beleidigt, habe ich das ganze Publikum gegen mich. Bleibe ich im spielerisch-flirtenden Ton, erhalte ich mir nicht nur die Sympathie des Gesamtpublikums, sondern auch der Angesprochenen.

4.7   Auf Dauer hat man das Publikum, das man verdient

Einige Bühnenkünstler neigen dazu, die Schuld für eine misslungene Show aufs Publikum abzuwälzen: Die Zuschauer seien von

Anfang an lahm drauf gewesen, sie seien zu laut, zu ungebildet, zu jung, zu alt, zu betrunken.

Die Haltung, sich über das Publikum zu erheben, zeugt von einem gehörigen Maß Arroganz und von einer schiefen Sicht auf unser Geschäft. Nicht die Zuschauer sollen uns gefallen, sondern die Zuschauer zahlen *uns* Geld, damit wir ihnen einen interessanten Abend bereiten. Wenn die Zuschauer zu Beginn der Show etwas ruhiger sind als gewohnt, dann ist es unsere Aufgabe, sie dort abzuholen.

Natürlich kann es vorkommen, dass man mal Pech hat: Die Freundin einer Braut hatte die goldige Idee, den beschwipsten Junggesellinnenabschied mit einem Impro-Abend zu krönen, in der Hoffnung, irgendwelche Obszönitäten einrufen zu können. Shows dieser Art hatte wohl fast jede Gruppe schon, aber wir müssen uns nicht an diesen Extrem-Ereignissen messen, sondern daran, welches Publikum wir auf Dauer anziehen.

Man braucht einen langen Atem, um sich einen Ruf zu erarbeiten. Wenn es sich eine Gruppe zur Aufgabe macht, jeden Vorschlag Eins zu Eins umzusetzen, das heißt Vulgarismen auch vulgär darzustellen, dann hat man es sich selbst zuzuschreiben, wenn die Shows irgendwann von Zuschauern gefüllt werden, die genau das sehen wollen. Wer umgekehrt so ambitioniert ist, die Improtheater-Shows mit avantgardistischen Experimenten zu füllen, muss damit leben können, das Schicksal von Avantgardisten zu teilen – nämlich dass Zuschauer in der Pause genervt die Show verlassen, da Experimente eben auch häufiger schiefgehen als einstudierte Showformate. Wer wach ist für popkulturelle Phänomene, wird eher junges Publikum anziehen, philosophisch gesättigte Shows eher die Intellektuellen. Professionell aufgezogene Theatersport-Shows versprechen recht hohe Zuschauerzahlen bei breiter Streuung. Man kann das im Grunde für jede Facette durchdeklinieren, was nicht heißt, dass es im Einzelnen berechenbar ist.

Letztlich ist man aber als Künstler auf vielen Ebenen seines Glückes Schmied. Ohne ein Mindestmaß an Entertainment-Fähigkeit kann man sich auf Dauer keinen Publikumsstamm aufbauen.

Wem es gelingt, dauerhaft Abwechslung und Unvorhersehbarkeit bei relativ gleichbleibend hoher Qualität auf der Bühne zu präsentieren, wird sich ein wohlwollendes Publikum erziehen, das weiß, worauf es sich einlassen kann.

Wenn der Anteil an Stammzuschauern hoch ist, entsteht auch eine gewisse Eigendynamik: Bestimmte Show-Elemente müssen nicht mehr erklärt werden, die gute Laune überträgt sich auf die Neulinge, der Erwartungsrahmen wird immer wieder neu justiert, und Ausreißer wie einmaliges Einrufen von Vulgaritäten wird aufgefangen von den vielen anderen inspirierenden Vorschlägen.

4.8   Das Lachen des Publikums... und das Räuspern

Bei der Anmoderation und nach der Show hören wir Applaus, zwischendurch kommunizieren wir eventuell mit den Zuschauern. Aber während wir spielen gibt es nur wenige wahrnehmbare Formen des Publikumsfeedbacks.

An prominenter Stelle steht hier natürlich das Lachen. Und mit dem Lachen hat es in Impro-Shows eine tückische Bewandtnis: Gerade wenn wir Impro-Comedy spielen (und in den meisten Impro-Shows ist das der Fall), sollen die Zuschauer natürlich oft und herzlich lachen. Und auch Shows, die das Komödiantische nicht in den Vordergrund rücken, haben wir durch das theatrale Improvisieren einen Komik-Hebel parat. Aber wenn wir uns zu sehr vom Lachen des Publikums abhängig machen, wird unsere Show schal.

In Impro kann alles scheitern, auch die Komik. Und so gibt es manchmal Szenen, die mit etwas mehr Verve gespielt, schreiend komisch gewesen wären, so aber durchaus noch nett und sehenswert sind. Die Zuschauer schmunzeln vor sich hin. Im schlimmsten Fall beginnt nun ein Impro-Spieler, der den Druck, dass noch nicht laut gelacht wurde, nicht ertragen kann, irgendwelche Witzchen einzubauen. Prompt bekommt er auch ein paar Lacher, aber die Szene ist ruiniert. Das Problem ist, dass er jetzt, da er das halbe

Lachen gehört ist, zufrieden ist, sich aber nicht um die Zuschauer schert, die von der Improvisation enttäuscht wurden (geschweige um seine Mitspieler, denen er das Zusammenspiel und die Story zerstört hat). Mit anderen Worten: Zuschauerlachen kann korrumpieren.[70]

Wie gehen wir mit diesem Dilemma um? Der Schlüssel liegt darin, das Lachen *nicht zu erwarten*. Manchmal amüsiert sich das Publikum eher still. Aber lasst euch nicht aus dem Flow des Spiels bringen. (Falls es eine Pause gibt, kann man als Gruppe beschließen, im zweiten Teil das Tempo zu erhöhen, präziser zu spielen und so weiter.)

Herzliches Lachen ist zwar ein Indikator für eine amüsante Show, aber eben nur *ein* Indikator. Augenfällig wird das in Szenen, die nicht primär komisch angelegt sind. Wenn wir eine Liebesszene aufbauen, die Story eine tragische Entwicklung nimmt, eine Szene spannend wird, würde Lachen oft schaden. Manche Impro-Spieler verlieren dann die Nerven: Sie verraten ihre Figur, indem sie sie überzeichnen. Sie bauen „lustigen Inhalt" ein oder sie spielen ironisch. Entscheidend ist aber, hier die Spannung zu behalten, denn wir brauchen das Lachen gar nicht.

Haltet die Stille aus. Ein wirklich stilles Publikum ist selten gelangweilt.

Unruhe wird durch die gelangweilten Zuschauer erzeugt. Sie rutschen auf den Stühlen hin und her, räuspern sich oder fangen an, miteinander zu reden. Wenn ihr dergleichen im Publikum wahrnehmt, müsst ihr keinesfalls in Panik verfallen, aber sicherlich das Timing ändern: Szenen rascher zum Abschluss bringen, euch klarer auf der Bühne bewegen, emotionale Farbe in die Szene bringen.

---

[70] Am Rande will ich noch eine Spezialform des Lachens erwähnen: Das Abwehrlachen. Manche Gags bewegen sich dermaßen im Bereich des schlechten Geschmacks, dass manche Zuschauer mit Lachen reagieren können, obwohl sie eigentlich wollen, dass es aufhört. Wenn der Bühnenkünstler das dann missinterpretiert, setzt das oft einen Teufelskreis in Gang.

4.9 Zugabe! Zugabe!

4.9.1 Zugabe? Wozu?

Als erstes sollte man sich fragen: Wollen wir überhaupt eine Zugabe? Für Manche scheint diese Frage absurd, gehört die Zugabe doch „irgendwie zur Show dazu". Und tatsächlich kann eine Zugabe wie ein kleines Dessert nach einem Hauptgang wirken. Besonders in einer game-orientierten Kurzform-Show kann ein besonders flottes Game oder ein „Best Of" die Show abrunden.

Aber stellen wir uns vor, ihr habt eine Langform gespielt, deren Ende überaus gelungen war. Das Publikum ist gerührt, amüsiert, erschüttert. Der Abend ist „rund". Eine Zugabe kann dieses Gefühl des Abgeschlossenseins mitunter verderben.[71]

Aber auch eine comedylastige Impro-Show profitiert nicht immer von einer Zugabe. Man lasse sich nicht vom lange klatschenden Publikum in die Irre führen. Gerade deutsches Publikum neigt zum Klatsch-Exzess. Es ist, als wollten die Zuschauer den schönen Moment auf ewig ausdehnen. Aber sind sie mit einer Zugabe tatsächlich glücklicher?

Ich denke, man sollte eine Zugabe nur spielen, wenn

- das Format viele kleine Storys und Szenen beinhaltet,
- die Zugabe die Show wirklich abrundet,
- wenn es das Publikum wirklich will,
- wenn ihr Lust drauf habt.

4.9.2 Gute und schlechte Zugaben

Die Show ist wunderbar gelaufen, ihr habt zu zehnt gespielt. Und nun kommt der Moderator auf die Idee, dass alle noch

---

[71] Am Ende von Comedy-Filmen werden manchmal Ausschnitte von Versprechern, Schnitzern und Malheuren gezeigt. Bei „Das Schweigen der Lämmer" oder „Schindlers Liste" würde man das nicht tun.

gemeinsam ein Lied singen sollen, zu dem jeder eine Strophe beitragen soll. Das Lied zieht sich in die Länge, die Hälfte der Spieler hat keine Lust auf Singen oder es klingt grausam. Am Ende gehen die Zuschauer mit dem Gefühl nach Hause, dass es zwar insgesamt recht nett war, aber man müsse es sich nicht so schnell noch mal antun.

Eine gute Zugabe ist knapp und spritzig und entlässt die Zuschauer mit einem kleinen Extra-Lachen. Gerade bei großen Besetzungen lassen sich Moderatoren vom Gedanken der „Gerechtigkeit" dazu verleiten, jedem einzelnen Spieler noch mal angemessen viel Raum zu geben, um sich ein letztes Mal zu entfalten. Lieber zwei, drei kleine Freeze-Tag-Szenen von 15 Sekunden als ein ausuferndes Rein-Raus-Spiel[72] mit dem gesamten Riesen-Ensemble.

Als Zugabe eignen sich zum Beispiel:

- ein knackiges Gag-Spiel, das kürzer als eine Minute ist,
- eine Kaskade von „Was-danach-geschah"-Szenen aus den verschiedenen Storys,
- ein kurzer Abschluss-Monolog einer zentralen Figur
- ein Game, das das Format abschließt. (So könnte das Sieger-Team eines Theatersport-Matches als Ein-Wort-Geschichte[73] erzählen, was die Mitglieder nach diesem phänomenalen Sieg als nächstes für Ziele haben.)

4.9.3 Zugabe herbeiprovozieren – oder verhindern

Das Licht geht aus, die Schauspieler verbeugen sich, bekommen vielleicht noch Einzelapplaus und gehen ab. Da tönen die ersten Rufe: „Zugabe! Zugabe!" – und verpuffen, weil das Saallicht bereits angeschaltet wurde.

---

[72] Rein-Raus-Spiel: Drei bis sieben Spieler. Jedem Spieler wird durchs Publikum ein Begriff zugeordnet. Sobald dieser Begriff in der Szene von einem anderen Spieler innerhalb einer Dialogzeile eingebaut wird, verlässt der Spieler die Szene oder (wenn er vorher im Off war) betritt sie.

[73] siehe Fußnote 2

Wenn man Zugaben-Applaus wünscht, sollte man schnell von der Bühne gehen und den Applaus sich entfalten lassen. Bei einer spritzigen Show mit begeistertem Publikum, wird der rhythmische Applaus fast automatisch einsetzen. Sobald der Wille des Publikums deutlich genug ist, lasse man sich nicht lange lumpen, bedanke sich und spiele die Zugabe.

Will man keine Zugabe, schalte man das Saallicht an und (wenn möglich) auch die Hintergrundmusik, der Applaus versiegt dann meist rasch. Wenn ein Teil des Publikums weiterklatscht, während die andere Hälfte schon aufsteht, solltet ihr ebenfalls auf die Zugabe verzichten und das ebenfalls durch Saallicht und Musik markieren.

5 BÜHNENVERHALTEN

5.1 Freundlichkeit

Übe dich in Freundlichkeit. Das betrifft jeden, mit dem du im Theater zu tun hast: Publikum, Mitspieler, Musiker, technische Helfer, Theater- und Barpersonal.

Gerade weil die Schauspieler im Zentrum der Aufmerksamkeit stehen, ist eine gute Portion Demut und Höflichkeit gegenüber allen anderen angebracht. Achte vor allem die Arbeit derjenigen, die im Hintergrund agieren: Techniker, Bar- und Einlasspersonal. Kenne ihre Namen, begrüße und verabschiede dich von ihnen.

Was die Freundlichkeit gegenüber dem Publikum betrifft, kann man sich Flugbegleiterinnen zum Vorbild nehmen. Diese verlieren im Grunde nie ihre Ruhe und Freundlichkeit. Selbst mit unverschämten Fluggästen können sie gelassen umgehen. Das heißt nun wiederum nicht, dass man sich bis zur Unnatürlichkeit verbiegen soll. Aber man bedenke, dass es ja unsere Aufgabe ist, dem Publikum einen schönen Abend zu bereiten (und nicht umgekehrt).

5.2   Fähigkeiten nutzen

Jeder von uns bringt eine große Menge an Fähigkeiten mit auf die Bühne: Erzählerische, schauspielerische, sportliche, stimmliche, technische. Wir haben außerdem ein Set an Impro-Techniken, das wir nutzen können. Wir haben vielleicht auch sehr spezifische Begabungen und Talente, etwa Beatboxing, Spagatieren, Fremdsprachen und Dialekte. Manche von uns haben spezielle Kenntnisse aus Bereichen, die eher indirekt mit Improtheater zu tun haben, wie Film-Schnitt, Harmonielehre, Contact Impro, Architektur, usw. Je besser es uns gelingt, diese Fähigkeiten und dieses Wissen geschmeidig und unprätentiös in die Improvisation einzubringen, umso gehaltvoller und farbiger wird die Aufführung.

Dabei geht es nicht darum, mit unseren Fähigkeiten zu prahlen, indem wir sie losgelöst von der Szene einsetzen, nur um das auch mal gemacht zu haben. Angenommen, du kannst gut beatboxen, dann wäre es eitel und letztlich sinnlos, in jeder zweiten Show einen Character einzubauen, dessen Beruf Beatboxer ist. Allerdings könnten deine Fähigkeiten gefragt sein, wenn ihr musiklastige Shows spielt.

Wichtig ist aber auch, sich immer wieder an erlernte oder geübte Impro-Techniken zu erinnern, gerade wenn sie frisch aus Workshops und Proben stammen. Wenn wir nämlich dieses *gezielte* Einbauen außer Acht lassen, kommt es zu schnell dazu, dass wir das Erlernte wieder vergessen und somit die Proben und Workshops praktisch für die Katz waren. Zeitnahes Ausprobieren dieser Elemente in den Shows baut eine Brücke zwischen Workshops/und den Shows.

5.3   Einander glänzen lassen

Impro-Spieler sind nie perfekt. Selbst den erfahrenen, professionellen Spielern unterlaufen grundlegende Fehler: Angebote werden übersehen oder ignoriert, es wird zu unspezifisch gespielt, Figuren werden unsauber angelegt usw. Das heißt aber umgekehrt auch, dass jeder Impro-Spieler nicht nur mit seiner eigenen Unvollkommenheit klarkommen muss, sondern auch mit der Unvollkommenheit des Gegenübers. Zusätzlich zu den Fehlern und Unachtsamkeiten unserer Mitspieler müssen wir auch ihre Angebote annehmen, die wir nicht verstehen, die uns sinnlos erscheinen, weil wir den Subtext nicht begriffen haben. Und bei all dem müssen wir den Ball im Spiel lassen. Wir nehmen das Angebot an und reagieren groß darauf.

> „Es ist fünfzehn Uhr, Lennart. Bist du nicht ein bisschen spät?"
>
> „Tut mir leid, Herr Timmermann."
>
> „Und die Tennisschläger hast du offenbar auch vergessen!"
>
> (Die Tennisschläger? Was für Tennisschläger?, mag sich der arme Impro-Spieler fragen, der vielleicht eine völlig andere Situation, etwa eine Stunde im Religionsunterricht imaginiert hat. „Tennisschläger" scheint nun vielleicht wie ein aus der Luft gegriffenes Angebot.)
>
> „Oh nein! Oh nein! Ich hab die Tennisschläger in der U-Bahn liegengelassen! Herr Timmermann, bitte sagen Sie nichts meinen Eltern!"

Erst durch die große Reaktion wird das Tennisschläger-Angebot groß und wirkt wie ein genialer Zug im Storytelling. Schauen wir uns das Gegenteil an.

> „Es ist fünfzehn Uhr, Lennart. Bist du nicht ein bisschen spät?"
>
> „Tut mir leid, Herr Timmermann."
>
> „Und die Tennisschläger hast du offenbar auch vergessen!"
>
> „Was? Ja. Aber dafür habe ich Ihnen ein paar neue Bibeln für den Konfirmationsunterricht mitgebracht."

Der Spieler hängt hier so sehr an seiner Idee, dass er das Angebot des Mitspielers zwar nicht völlig blockiert, aber doch so sehr in die

Bedeutungslosigkeit schiebt, dass die Impro-Arbeit des Mitspielers fast nutzlos erscheint.

Unsere große Reaktion auf das Angebot unseres Mitspielers hat auch den Effekt, dass nicht nur das Angebot genial erscheint, sondern auch unser Mitspieler selbst. Und nun stelle man sich eine Show vor, in der sich sämtliche Impro-Spieler permanent gegenseitig wie Genies behandeln. Shows einer solchen Gruppe wirken wie eine Sensation. Grundlage dafür ist natürlich, dass wir uns unserer Eitelkeiten entledigen müssen. Es geht nicht um die Anerkennung, die *ich* auf der Bühne bekomme, sondern es geht um die gesamte Show.

Und so sehen wir, dass die Technik, groß zu reagieren, nur eine Seite der Medaille ist. Wir brauchen eine *mentale Haltung* zu unseren Mitspielern, die diese von der permanenten Selbstkontrolle befreit. Es ist als gehe man mit dem Mantra „Mein Mitspieler ist ein Genie" auf die Bühne. Eine Show, die mit dieser Kraft gespielt wird, wächst über sich hinaus.

5.4 Männer und Frauen

Warum spezielle Tipps für Frauen und Männer? Ist denn die Impro-Bühne nicht einer der wenigen Orte, an denen wir Gleichheit ausleben können. Sind nicht die Herausforderungen, vor denen wir alle als Improvisierer stehen, gleich? Und doch tritt dieses Thema immer wieder auf. Wie gehen die Geschlechter auf und hinter der Bühne miteinander und untereinander um? Gibt es Impro-Flausen, die besonders bei einem der beiden Geschlechter beobachtet werden können? Und wenn ja, welche praktischen Tipps ergeben sich daraus?

Die Passagen der folgenden Kapitel beruhen zum großen Teil auf eigenen Beobachtungen bei Shows und in Workshops, aber auch auf den Ergebnissen von Diskussionen in Impro-Internetforen, auf Tagungen und soziologischen Studien. Und all das ist natürlich mit einer gehörigen Portion skeptischer Distanz zu genießen. Schließlich wandeln sich Geschlechterrollen und Geschlechterverhalten in kürzester Zeit. Die Probleme der Geschlechterverhältnisse, vor denen die Impro-Pioniere in den 1960er Jahren standen, waren andere als die in den 80er und 90er Jahren. Und seitdem ist wiederum eine völlig neue Welle der politischen Sensibilität durch die westliche Welt gerollt, die auch vor der Impro-Bühne und den dort Aktiven nicht Halt macht. Was hier steht, kann also in seiner Allgemeinheit schon morgen obsolet sein, und es kann für eure Gruppe irrelevant sein.

5.4.1 Tipps für Frauen

Outfit

- Trag bequeme Schuhe. Röcke schränken bekanntlich die Bewegungsfreiheit ein, Miniröcke noch mehr. Vermeide allzu freizügige Kleidung. Kurze Röcke und Kleidung mit tiefem Ausschnitt begrenzen deinen Radius. Auch wenn es dir stehen mag – du wirst auf der Bühne doch unwillkürlichen Ausweichbewegungen machen.
- Benutze Make Up zurückhaltend.
  Bedenke, dass du als Improvisiererin eine Vielfalt an Charakteren auf die Bühne bringen willst – Teenager, alte Frauen, Polizistinnen, usw. Extremes Make Up lenkt die Aufmerksamkeit weg von der Rolle hin zur Spielerin.
- Bändige deine Haare.
  Wenn du dein langes Haar offen trägst, wirst du dich immer wieder (auf der Bühne mehr als im Alltag) genötigt sehen, es dir aus dem Gesicht zu wischen. Diese permanente Geste wird zum Teil deiner Figur. Und plötzlich haben dann all deine Figuren diesen kleinen automatisierten Tiefstatus-Tick.

Stereotype Figuren und wie man sie vermeidet

Im Grunde stehen Frauen in Film und Theater erst seit den 1960er Jahren mehr Rollen zur Verfügung als bis dato üblich. Das Problem ist, dass kulturell einige Muster derart wirkmächtig sind, dass sie auch in den Köpfen von Impro-Spielern und -spielerinnen verankert sind.

Diese Stereotypen sind vor allem: Die Prinzessin, die Mutter, die Hure, die Dienerin.

- Das *Prinzessinnen*-Stereotyp wird am sinnfälligsten in Märchen wie Dornröschen, Schneewittchen usw. verkörpert. Der Held erobert die Prinzessin, während sich ihre Funktion im Grunde aufs Leidend-in-der-Gegend-Rumsitzen beschränkt. Die Helden leisten die Arbeit, während die Prinzessin „gepflückt" wird. (Gegenbeispiel: Prinzessin Leia aus „Star Wars")
- Die *Mutter* als Stereotyp ist schon ein wenig komplexer, aber im Grunde auch eingeschränkt. Ihre Hauptfunktionen sind Helfen, Trösten und Klammern. In ihrer Klischeehaftigkeit sind diese stereotypen Mütter keine sexuellen Wesen, sie haben im Grunde *überhaupt* keine eigenen Bedürfnisse, sondern sind nur dafür da, es ihren Kindern und ihrem Gatten Recht zu machen.
- Die *Hure* ist als Archetyp breiter zu fassen, als es der Begriff zunächst suggeriert. Gemeint ist: Die Funktion der Figur reduziert sich darauf, sexuelles Wesen zu sein. Sie wird nicht erobert, sondern begehrt und gehört sozusagen zur dunklen Seite. Der Mann, der sie begehrt, kann der Held sein und somit in die Gesellschaft zurückkehren, nicht aber die Frau.
- Die *Dienerin* ist praktisch die universelle Nebenfigur: Die Sekretärin, die Krankenschwester, die Bring-mir-mal-das-da-Figur. Gerade im Improtheater werden Frauen zu oft als Hilfsfiguren eingesetzt.

Wie geht man nun als Frau damit um? Die einfachste Antwort wäre zu behaupten, die Männer, die einen so anspielten, hingen noch alten Allmachtsphantasien nach. Das Problem ist aber leider etwas komplizierter, denn nicht selten sind es die Spielerinnen selbst, die in diese Rollen schlüpfen. Noch bevor der männliche Mitspieler „Guten Morgen, Chefin!", gesagt hat, fragen sie: „Bis wann soll ich das Protokoll abtippen?" Die Stereotypen stecken in unseren Köpfen, und wir müssen mit den Klischees gemeinsam umgehen. Die Spielerinnen selbst können hier Verantwortung für ihre Rollenentscheidung übernehmen: Geht mutig auf positive, andere Rollen zu, probiert sie aus und umarmt sie, insbesondere:

- Positive Hochstatus-Figuren. Mentorinnen im Archetypischen Sinne sieht man viel zu selten auf der Bühne. Spielerinnen sollten mutig sein, aus der Weisheit zu schöpfen.
- Frauen im hohen *sozialen* Status[74]. Hier ist es manchmal notwendig, selbst den ersten Schritt in der (Selbst-)Definition zu gehen, bevor der männliche Spieler dich als Sekretärin etabliert. Wenn man damit Schwierigkeiten hat, kann es zunächst sinnvoll sein, sich eine Reihe von beruflichen Rollen mit hohem *sozialen* Status zurechtzulegen: Richterin, Unternehmerin, Pilotin, Regierungschefin.
- Aggressive Figuren. Einigen Spielerinnen fällt es schwer, echte Aggressionen zu spielen. Sie bleiben in szenischen Konflikten auf der Ebene des Nörgelns stehen. Probier es wenigstens einmal aus. (Auf Dauer sollte Aggression natürlich nicht die erste Wahl der Emotionen sein. Aber *wenn* man schon in die Aggression geht, dann bitte mit ganzer Kraft.)
- Positive Heldin. Um zur Heldin zu werden, braucht man einerseits die Unterstützung der Mitspieler, die der Figur gezielt Probleme bereiten. Andererseits muss die Spielerin selbst bereit sein, diese Rolle zu übernehmen, und das bedeutet: Wichtige Entscheidungen für sich selbst zu treffen.

---

[74] Unter *sozialem* Status verstehen wir natürlich etwas anderes als unter theatralem Hoch- und Tiefstatus (siehe *Improvisationstheater. Band 2: Schauspiel-Improvisation.*)

- Komische Heldin. Dies scheint mir für viele Impro-Spielerinnen immer noch eine große Hürde zu sein – aktiv irre Entscheidungen zu treffen. Eine komische Heldin ist eine Verliererin. Das heißt, die Spielerin muss das Bedürfnis, auf der Bühne zu strahlen, loslassen. Sie muss stolpern, sowohl im wahrsten Sinne des Wortes als auch über ihre eigene Gedankenwelt. Sie muss den Mut haben, peinlich zu sein, ohne zu geistlos zu wirken.[75]

Impro-Spielerinnen sollten in Film und Fernsehen gezielt auf komplexe weibliche Rollen achten. Nicht so sehr, um diese Eins zu Eins zu kopieren, sondern um zu sehen, wie sie aufgebaut sind, wie sie leiden, wann sie aktiv sind und wie sie scheitern.

In der dramatischen Literatur stechen hier übrigens Bertolt Brecht und Quentin Tarantino heraus. Beide haben ungeheuer kraftvolle Frauenrollen erschaffen – negative wie positive, tragische wie komische.[76]

Die kanadische Comic-Autorin Alison Bechdel wurde berühmt für ihren in ihrer Reihe *Dykes to watch out for* erwähnten Test, der überprüft, ob in einem Film Frauen genug gewürdigt werden. (Das lässt sich ohne weiteres auch auf Literatur oder Theater übertragen.)

- Gibt es mindestens zwei Frauenrollen?
- Sprechen sie miteinander?
- Reden sie über etwas anderes als über einen Mann?

---

[75] Meine Lieblingsschauspielerin auf diesem Gebiet ist zurzeit Tina Fey, die in der Serie 30 Rock sich wunderbar selbst auf die Schippe nimmt. In Deutschland sehen wir diese Fähigkeit bei Anke Engelke. Beide Schauspielerinnen sind im Übrigen wunderbare Improvisiererinnen.

[76] Brecht: Trommeln in der Nacht, Die Mutter, Mutter Courage und ihre Kinder, Der gute Mensch von Sezuan, Die heilige Johanna der Schlachthöfe, Die Gesichte der Simone Machard, Die Gewehre der Frau Carrar.
Tarantino: Jackie Brown, Kill Bill, H8ful Eight, Death Proof.

Erfolgreiche Filme mit weiblichen Heldinnen, die diesen Test bestehen, sind rar. Ich nenne hier: Alien, Das Schweigen der Lämmer, Rosemarys Baby, Halloween, Jackie Brown, Thelma & Louise.

Es wird immer wieder vorkommen, dass man als Frau von männlichen *und* weiblichen Mitspielern in bestimmte Rollen hineindefiniert wird. Das kann auf Dauer etwas nerven, ist aber manchmal naheliegend und nachvollziehbar. Wenn du etwa die älteste Spielerin des Teams bist, wirst du wahrscheinlich öfter als deine Kolleginnen die Mutter-Rolle abbekommen. Geh mit dem Flow. Spiele Mütter, die du noch nie gespielt hast. Oder sei schneller als deine Partnerin und definiere *sie* als deine Mutter. Wenn du das Gefühl hast, dass du immer wieder auf eine allzu enge Rollen-Auswahl festgelegt wirst, sprich das freundlich in der Gruppe an. Möglicherweise genügt es auch schon, mit einer anderen Körperlichkeit auf die Bühne zu kommen.

Zu den stereotypen Figuren gesellen sich auch unweigerlich stereotype Szenen. So wie man nach einer Weile zu einer Handvoll Lieblingsfiguren neigt, so tendieren Impro-Spieler auch immer wieder dazu, Szenen einen bestimmten Dreh zu geben. So werden Szenen zwischen Männern und Frauen allzu rasch und zu häufig zu Liebesszenen. Vielleicht liegt das ein bisschen auf der Hand, und Liebesszenen sind ja auch faszinierend. Allerdings reduzieren wir unseren Radius ungeheuer, wenn wir zwischen Männern und Frauen nicht auch andere Szenen zulassen – familiäre Szenen, Szenen zwischen Klient(inn)en und Pfarrern, Therapeut(inn)en, Ärzt(inn)en usw., Szenen in Milieus (Gefängnis, Webdesign, Investmentbanker, Symphonieorchester...), Szenen in übernatürlichen Welten.

Wenn du weißt, dass du auf der Bühne zum Tratschen neigst oder dich dabei live auf der Bühne ertappst, gehe ins Gegenteil eures Gegenübers. Nimm irgendeine Information und lass emotional Himmel und Hölle einstürzen! Gehe in einen Statuswechsel (egal ob hoch oder tief). Werde physisch aktiv.

Beginne Szenen! Lerne, allein auf der Bühne klarzukommen!

5.4.2   Tips für Männer

Outfit

Während Frauen bisweilen zum Über-Aufputzen neigen, zeigt sich bei Männern oft das Gegenteil: Eine Nachlässigkeit in Sachen Kleidung und Outfit. Bedenke, dass du auf einer Bühne stehst. Menschen bezahlen Geld, um dich ein oder zwei Stunden lang anzuschauen.[77]

- Achte auf deinen Hosenstall.
- Trage Hosen, mit denen du dich auch bücken kannst, ohne dass man dein Klempner-Dekolleté oder deine Unterwäsche betrachten muss.
- Verzichte auf T-Shirts mit lustigen Sprüchen oder Bildern. Sie lenken von deinen Charakteren ab.
- Komme sauber und gepflegt zur Show. Benutze ein Deo.
- Erwäge Make Up im Falle von unebener Haut bzw. starker Bühnenausleuchtung

Bühnentipps für männliche Improvisierer

- Es geht nicht um dich, es geht um die Szene.
- Deutlich mehr Männer als Frauen neigen zum Gagging auf der Bühne. Vergiss es. Improtheater ist nicht dafür da, um Witze zu erzählen. Vertraue der Komik des gemeinsamen Entwickelns absurder *Situationen.*
- Halte deinen Redeschwall unter Kontrolle. Probier wenigstens ab und zu, eine Szene schweigend zu spielen.
- Männliche Gewalt auf der Bühne ist ein scharfes darstellerisches Mittel, das aber seinen Wert verliert, wenn es inflationär genutzt wird. Die Impro-Bühne sollte nicht verwechselt werden mit deinen Lieblings-Action-Filmen oder den Wir-spielen-Schießen-Szenarien deiner Kindheit. Entwickelt als

---

[77] Allgemein zum Bühnenoutfit siehe das entsprechende Kapitel in *Impro-Gruppen.*

Gruppe eine gemeinsame Haltung zum Thema Gewaltszenen. Wenn du mit fremden Improvisierern spielst – zum Beispiel auf Festivals oder Jams – halte dich mit Gewaltszenen zurück. Und es gilt außerdem zu bedenken, dass Szenen, die Gewalt gegen Frauen und Kinder beinhalten, sehr heikel sind und mit größter Sorgfalt und in spielerischem Einverständnis zu spielen sind. Allen Beteiligten muss klar sein, was gerade geschieht und welchen Platz die Gewalt im Impro-Drama hat.

- Auch wenn du der größte Auskenner in Sachen Film oder Stand Up Comedy bist – heb dir deinen Zitate-Schatz für Partys unter Nerd-Freunden auf. Wenn ihr eine Raumschiff-Szene improvisiert, dann *improvisiert,* statt euch Star-Trek-Zitate um die Ohren zu hauen.[78]
- Szenen zwischen Männern und Frauen müssen nicht auf Sex hinauslaufen. *Wenn* es auf Sex hinausläuft, wählt die subtile Andeutung statt die krasse Darstellung.
- Überprüfe ab und zu, ob du Frauen in die immergleichen Standardrollen hineinbugsierst. Es gibt mehr Rollen als die Freundin, die Mutter und die Sekretärin.
- Falls du Hochstatus-Spezialist bist, trainiere Tiefstatus vor allem mit weiblichen Pendants.
- Vergiss den Plot und fokussiere auf die Figur.

5.4.3 Sexismen auf der Bühne

Florian spielt einen unsympathischen Typen, der nach Hause kommt und seine Ehefrau mit einem Klaps auf den Hintern begrüßt.

---

[78] Eine Ausnahme wäre die Rolle eines Nerds, der mit Zitaten um sich wirft. Es sei denn du bist ein Nerd, der absichtlich die Rolle des Nerds wählt, *weil* er seine Zitate loswerden will.

Ist das akzeptabel oder wird hier die Szene als Vorwand genommen, um eine Grenze zwischen Spieler und Spielerin zu überschreiten?

Letztlich muss sich jede Gruppe untereinander einigen, welche körperliche Nähe untereinander OK ist.[79] Bei den meisten Gruppen entwickelt sich das Gefühl für Distanz und Nähe mit der Zeit quasi ganz natürlich und in Zusammenhang mit dem untereinander steigenden Vertrauen. Diese Grenzen sind auch individuell sehr verschieden, und in einer stabilen Gruppe kann man diese Differenzen auch ansprechen und aushalten.

Ich rate zur Faustregel: Nimm die Grenzüberschreitung beim ersten Mal hin und spiele mit. Wenn es dir *generell körperlich* unangenehm ist, sprich den Spieler nach der Show ruhig darauf an. (Wenn Florian in jeder zweiten Show Typen spielt, die Frauen auf den Hintern klapsen, sollte man das thematisieren.)

An dieser Stelle muss eine gewisse Tendenz angesprochen werden: Rampensäuische Männer neigen gelegentlich dazu, Frauen den Fokus stehlen. Oder sollte es umgekehrt sein? Frauen lassen Männern eher den Vortritt? Wie dem auch sei – das Problem des Fokus-Nehmens muss nicht zusätzlich moralisiert oder politisiert werden. Warum? Die Frage, ob sich jemand in den Vordergrund drängelt oder nicht ist schon kompliziert genug. Oft liegt es alleine an unterschiedlichen Wahrnehmungen des Timings. Und dann läuft es auf die Diskussion hinaus: Warst du zu schnell oder war ich zu langsam? Findet lieber ein gemeinsames Gruppentempo, als die Debatte unnötig mit Schuldkomponenten zu überfrachten und die Lösung dadurch zu erschweren. Als Übergangslösung kann die Spielerin auch einfach versuchen, sich den Platz zu nehmen, den ihr das männliche Pendant sonst vorenthält.

Wie aber gehen wir mit inhaltlichem Sexismus in der Szene um? Sexismus ist Teil des Alltags. Und als relevantes und oft brisantes Thema verdient es deshalb durchaus, auf der Bühne abgebildet und behandelt zu werden. Die Frage ist: Wird der Sexismus

---

[79] Siehe *Improvisationstheater. Band 3 Impro-Szenen*

in der Szene als problematisch dargestellt oder werden sexistische Gags genutzt, um billige Lacher zu erzielen? Problematisierende Darstellung bedeutet nicht unbedingt, dass der Sexismus als solcher überhaupt zur Sprache kommen muss. Das ist durchaus unterschwellig möglich. In den Theaterstücken von Tennessee Williams zum Beispiel sehen wir, wie Frauen misshandelt werden, in die traditionelle Ecke gestellt werden oder sich in die Ecke drängen lassen. Es sind aber nicht unbedingt die Figuren, die das problematisieren, sondern das Publikum selbst, das in diesen Szenen Unbehagen empfindet. Insofern tragen wir auch als Impro-Spieler eine Verantwortung dafür, ob ein Held aus dem Stück oder der Szene mit seinem Sexismus als Strahlemann hervorgeht, ob er zerbricht oder lernt oder ob sein scheinbar strahlender Abgang letztlich tragisch ist.

Selbst sexistische Witze müssen nicht per se auf der Bühne tabuisiert werden, zum Beispiel wenn sie den Sprecher charakterisieren oder wenn wir ein älteres Genre parodieren.

6 BACKSTAGE

Wenn die Bühne die Heilige Sphäre ist, so ist das Backstage der Vorraum dazu. Behandelt den Backstage-Raum mit Respekt, egal ob auch andere ihn nutzen oder ihr den Luxus eines eigenen Theaters habt, egal ob euer Backstage nur eine kleine Kammer oder ein großer Raum mit eigener Bar und Badezimmer ist. Im Backstage beginnt die Verwandlung. Hier legt ihr euer Alltags-Ich ab und werdet zu Bühnen-Improvisierern. Hier verbindet ihr euch mit euren Spielpartnern zu etwas Größerem. Macht euch also das Backstage so angenehm wie möglich.

Das meine ich zunächst einmal in einem ganz einfachen physischen Sinne: Haltet es sauber und vermüllt es nicht. Wenn ihr im Backstage Kostüme und Requisiten aufbewahrt, sollten sie pfleglich behandelt werden. Ungenutzter Kram kann verschwinden.

6.1 Vor der Show

Wir können diesen Respekt auch aufs Spirituelle erweitern: Lasst eure negative Last und eure Alltags-Sorgen so weit wie möglich draußen. So wie man sich der Alltagskleidung entledigt und sich für die Bühne umzieht, so findet auch im Kopf eine Wandlung statt. (Insofern ist das Backstage auch ein Transformations-Raum.) So wie man sich die Schuhe abtritt, bevor man einen Raum betritt, kann man auch kurz innehalten und nicht die schlechte Laune, die man wegen des nervigen Chefs oder des Verkehrsstaus bis eben noch mit sich herumgetragen hat, im Backstage abladen.

Schafft im Backstage eine Atmosphäre der guten Laune. Das betrifft ganz besonders die Zeit vor der Show. Geht in heiterer Stimmung miteinander um. Vermeidet alles, was schlechte Stimmung oder Grübeleien verursachen könnte. Die Zeit vor der Show ist ungeeignet, organisatorische Fragen zu besprechen. Das kann vor allem für jene Spieler, die sich um Organisatorisches kümmern, etwas schwierig auszuhalten sein, vor allem wenn einem unbeantwortete E-Mails und ungelöste Fragen im Nacken sitzen.

Für die Zeit vor der Show sollte man Folgendes einplanen:

- Ankommen und Geplauder
- Vorbesprechung der Show
- Technische Vorbereitungen
- Persönliche Vorbereitung
- Gruppen-Aufwärmen

Aufwand, Intensität und Reihenfolge dieser einzelnen Elemente können von Gruppe zu Gruppe stark variieren, da sie von persönlichen Bedürfnissen und äußerlichen Erfordernissen abhängen.

6.1.1 Geplauder

Leichtes Geplauder hilft vielen Spielern, überhaupt als Gruppe zusammenzukommen. Man fühlt sich gehört. Und schließlich kann heitere Plauderei schon wie ein kleines spielerisches Aufwärmen funktionieren.

Geplauder hält allerdings einige Fallen parat. Daher hier ein paar Ratschläge:

- Behaltet die Zeit im Auge. Plauderei sollte nicht zu Lasten der essentiellen Dinge wie Aufwärmen und technische Vorbereitung gehen.
- Haltet die Plauderei leicht. Schwere oder kontroverse Themen sind tabu.[80]
- Lästert nicht!
- Auch wenn heiteres Geplauder mal in Sarkasmen umschlagen kann, sollte man darauf achten, dass daraus keine negative Energie entsteht. Dauerhafter Zynismus ist zu vermeiden.
- Nicht jeder liebt es zu plaudern. Für andere gibt es nichts Schöneres. Findet eine angemessene Balance zwischen den individuellen Bedürfnissen.

6.1.2 Vorbesprechung der Show

Im besten Falle gibt es nicht viel zu diskutieren, da das Format bereits feststeht. In diesem Falle ist nicht mehr zu tun, als noch mal ein paar Grundsätze zu rekapitulieren: Mit welcher Grundhaltung gehen wir in diese Show? Was ist unser Hauptfokus? Worauf soll der Moderator achten? usw.

Bei game-orientierten Shows, inklusive Theatersport, stellt sich immer wieder die Frage, ob die Games vorher abgesprochen werden sollen oder nicht.

Ich denke, es liegt ein besonderer Reiz darin, sich gegenseitig mit Games zu überraschen oder sich vom Moderator überraschen zu lassen.

„Aber wenn er dann ein Spiel aussucht, das wir gar nicht kennen?"

Umso besser! Wenn man unbefangen und energiegeladen an ein Spiel herangeht, wirkt man auch viel frischer. Eine Ausnahme würde ich allenfalls bei technisch anspruchsvollen Spielen machen.

---

[80] Dies kann manchmal schwierig sein, gerade wenn einen wirklich etwas bedrückt. Aber ein gewisses Maß an Sorgenfreiheit im Backstage gehört zur Psychohygiene dazu.

Wenn man zum Beispiel noch nie eine Dreier-Synchro-Szene ge-spielt hat, kann das extrem kompliziert wirken und das Spielen versteifen.

Klärt vorher ab, falls euch bestimmte theatrale Mittel nicht lie-gen. Wenn du ungern singst, ist es womöglich nicht sinnvoll, eine zwanzigminütige gemeinsame Oper zu improvisieren, deren Hauptfigur ausgerechnet du bist. Und mit einem lädierten Knie wirst du sicherlich kein improvisiertes Ballett spielen wollen.

Unter Umständen kann man sich auch dafür entscheiden, die Show „einzurahmen", zum Beispiel festzulegen, dass man mit ei-nem kleinen Warm-Up-Game wie „Freeze Tags" beginnt oder mit einem Publikumsliebling, zum Beispiel einem großen musikali-schen Format, endet.

Falls ihr dennoch den kompletten Ablauf einer Game-Show besprechen wollt (und ich weiß, dass sich vor allem Impro-Neu-linge davon nur ungern abbringen lassen), rate ich dazu, offenen Herzens in die Besprechung zu gehen, statt auf der Suche nach der perfekten Show jeden Vorschlag unter die Lupe zu nehmen und zu zerpflücken. Sammelt in einer Brainstorming-Runde genügend Vorschläge. Als nächstes können kurz Nachfragen gestellt werden, falls der Name eines Spiels oder seine Technik unbekannt ist. Und schließlich darf jeder reihum ein Spiel von der Liste streichen, bis die Anzahl der nötigen Spiele erreicht ist.

Für Langformen ist es (auch aus werbetaktischen Gründen) sinnvoll, sich schon vor der Show auf ein Format zu einigen. Nichtsdestotrotz kann es nötig sein, dass man sich anders ent-scheidet oder einen Plan B aus der Tasche ziehen muss. Dann gilt im Grunde dasselbe wie für die Besprechung von Game-Shows: Seid offen und konstruktiv. Geht nicht nur von eigenen Wünschen und Bedürfnissen aus, sondern zieht auch die Fähigkeiten eurer Mitspieler in Erwägung.[81]

---

[81] Wenn drei meiner Mitspieler nur schlecht den Ton halten können, ist es sinnlos, mir ein Musical zu wünschen auch wenn ich es selber mag. Vielleicht magst du das Genre *Screwball-Comedy*, aber wenn deine Mitspielerin das noch nie gesehen hat, wird sie

6.1.3 Technische Vorbereitungen

Im besten Fall habt ihr einen Techniker, der für euch alle ton-, licht- und bühnentechnischen Vorbereitungen trifft. Dazu gehört als Minimum:

- Einrichtung der Scheinwerfer
- Soundcheck
- Vorbereitung von Show-Utensilien (Stift, Papier, Stoppuhr usw.) und Requisiten (Stühle und eventuell andere Objekte)

Eventuell erweitert sich die Aufgabe der Techniker um:

- Bühnenaufbau
- Bestuhlung des Publikums-Saals
- Vorbereitung von Kasse und Einlass
- Pausen- und Einlassmusik

Wenn man zum ersten Mal auf einer neuen Bühne steht, gehört es zur technischen Vorbereitung, sie auszuprobieren und abzuschreiten und die Akustik zu prüfen. Seht zu, dass ihr bei Bühnen, die ihr regelmäßig bespielt, für die Mikrofone die richtige Einstellungen findet und euch notiert, damit ihr euch nicht jedes Mal aufs Neue die mühselige und zeitraubende Arbeit des Soundchecks machen müsst.

6.1.4 Persönliche Vorbereitungen

Seid euch vorher darüber im Klaren, was ihr körperlich und seelisch braucht, um auf die Bühne zu gehen. Nehmt euch entsprechend die Zeit.

Einige Improvisierer nutzen bereits den Weg zum Spielort als Übergang von der Alltags- in die Performance-Welt. Nützlich ist alles, was den Impro-Spirit fördert: Fokussierung, Leichtigkeit,

---

vielleicht eine kurze Szene dazu improvisieren können, aber das Stück in seiner Langform wird höchstwahrscheinlich darunter leiden.

künstlerischer Input, körperliche Wachheit, Verspieltheit, positives Denken. Abträglich sind: schwere Gedanken und Smartphone-Ablenkung.

Viele betreiben ein körperliches Warm Up schon zuhause: Ausdauer- und Auspowertraining helfen dem Geist, ruhiger zu fließen. Einen ähnlichen Effekt haben Yoga- und Dehn-Übungen.

Wenn man die Zeit dafür hat, kann man sich auf die Suche nach künstlerischer Inspiration begeben – eine Galerie besuchen, Gedichte lesen usw. Auch hier ist nachhaltige Auseinandersetzung eher gefragt als schnelle Berieselung wie Videoclips.[82]

> Eine spezielle Form der gemeinsamen Vorbereitung hat das Duo TJ & Dave gefunden, die auch auf seiner DVD „Trust us" zu sehen ist: Die beiden spazieren vor der Show zwei Stunden lang durch die Stadt. In den ersten Stunden beobachten sie gemeinsam Situationen und Typen, die möglicherweise in die abendliche Vorstellung einfließen. Anschließend betreibt jeder von ihnen diese Sozialstudien noch einmal für sich allein.

Im Theater ist während der Phase der persönlichen Vorbereitung auf folgendes zu achten.

- Sorge für dein physisches Wohl.
  Nutze die Zeit der persönlichen Vorbereitung, falls du noch einen kleinen Imbiss zur Stärkung benötigst. Im Idealfall solltest du gar nicht erst hungrig zur Show kommen. Iss möglichst vorher. Zwischendurch-Essen bei der Showbesprechung oder gar beim Warm Up tut weder dir noch der Gruppe gut.
- Nutze die Zeit, um dich umzuziehen.
  Selbst wenn eure Gruppe leger in Alltagskleidung spielt, solltest du durchs Umziehen einen Übergang schaffen. Winter-

---

[82] Ein Impro-Spieler berichtete mir einmal, er würde bisweilen, um sich für neue Eindrücke zu öffnen, am Tag der Aufführung Dinge essen, die er zuvor noch nie probiert hat.

stiefel oder Sandalen sollten auf der Bühne allenfalls als Kostümelemente vorkommen.

- Make Up ist zumindest dann angebracht, wenn man mit starken Scheinwerfern arbeitet oder wenn seit dem frühen Morgen ein blühender Pickel dein Begleiter ist. Wer zu Augenringen neigt, wird ebenfalls Abhilfe schaffen wollen.
- Finde deine innere Ruhe.

Innere Ruhe zu finden, heißt für viele, das Lampenfieber in den Griff zu kriegen. Ein kleines Maß an Aufregung ist OK, da es einen wach hält, aber echtes Lampenfieber bedeutet letztlich Bühnenangst. Bei vielen führt diese Angst zu Übersprungshandlungen: Die Show bis ins letzte Detail besprechen, sich andauernd nachschminken, die Technik immer wieder überprüfen und nachbessern, usw.

Eine gute Möglichkeit, das Lampenfieber zu senken und die rasenden Gedanken zu beruhigen, ist eine kleine Meditation. Suche dir dafür ein Plätzchen, wo du einigermaßen ungestört bist. Verschließe dir eventuell deine Ohren mit Ohrstöpseln. Setze dich. Nimm deinen Körper wahr. Nimm deinen Atem wahr. Schließe die Augen und achte nur auf deinen Atem. Wenn du von anderen Gedanken gestört wirst, lächle und lasse sie vorbeiziehen. Öffne nach einer Minute die Augen. Lächle und freue dich auf das, was gleich bevorsteht.

- Finde einen Moment der Konzentration auf die Show.

Gehe kurz noch mal für dich die wichtigsten Punkte des Ablaufs durch. Nimm dir einen, maximal zwei Fokuspunkte für die heutige Show vor.[83]

---

[83] Egal ob Anfänger oder Profi, ich glaube, man kann sich wirklich nicht viel mehr für eine Show vornehmen. Wenn ich mir vornehme, heute besonders meine Mitspielerin Conny zu unterstützen und besonders auf die Körperlichkeit meiner Figuren zu achten, dann ist das schon viel. Und ich muss darauf vertrauen, dass alles andere mehr oder weniger automatisch funktioniert.

6.1.5   Gruppen-Aufwärmen

Das Aufwärmen vor der Show hat drei Funktionen:

- Aufwärmen von Körper und Stimme.
- Aufwärmen des Gruppen-Geistes zu einem heiteren Miteinander.
- Allmähliches Fokussieren auf die Show.

Körper und Stimme

Der Körper sollte aus dem Alltagsmodus herausgeführt werden. Indem wir uns dehnen, beugen, ausschütteln, erinnern wir unsere Glieder an Bewegungsoptionen, die außerhalb unserer normalen Bahnen laufen. Tut dem Körper dabei keine Gewalt an. Es geht eher um ein Wahrnehmen und Wecken des Körpers als um sportliche Belastung.

> Ein klassischer Wachmacher, der auch noch dafür sorgt, dass die Gruppe zusammenkommt, sind die **220 Schüttler**:
>
> Die Gruppe steht im Kreis. Alle heben den linken Arm und schütteln ihn energetisch aus. Dabei wird gezählt: „Eins, zwei, drei, vier, fünf, sechs, sieben, acht, neun, zehn!" Es folgen: Rechter Arm, linkes Bein, rechtes Bein.
>
> Danach ist wieder der linke Arm dran. Diesmal zählen alle bis neun, und so weiter. Am Ende ist jede Extremität nur noch einmal dran, und alle rufen: „Eins! Eins! Eins! Eins! Hey!"
>
> Anmerkung: Augenkontakt erhöht die gute Laune.

Was für den Körper gilt, trifft auch für die Stimme zu: Missbraucht sie nicht. Schreit nicht. Beim Stimm-Aufwärmen geht es letztlich darum, dafür zu sorgen, dass wir später auf der Bühne kräftig klingen, ohne die Stimmbänder in Mitleidenschaft zu ziehen. Dafür ist entscheidend, dass die Stimme an den Körper gebunden ist. Hier ist nicht der Platz, um die komplette Lehre des Stimmtrainings zu

entfalten, aber ein paar Faustregeln fürs Aufwärmen gebe ich mit
auf den Weg[84]:

- Je weniger Luft beim Sprechen oder Singen die Kehle passiert, umso klarer kann die Stimme klingen und umso mehr
  Resonanz erzeugt sie. Man spürt das „falsche" Sprechen daran, dass es geflüstert oder heiser klingt. Gebt euch eventuell
  gegenseitig Feedback.
- Bauchatmung geht vor Brustatmung. Wenn wir unsere
  Spannung im Zwerchfell statt in der Kehle ansetzen, haben
  wir schon viel erreicht.
- Rufen statt Schreien.

Beginnt euer Stimm-Warm Up mit kleinen einfachen Lauten: „Ah
ja!" „Oh!" „Nee, nee!" „Lulu." „Iiih!" in mittlerer Lautstärke. Achtet darauf, dass sich keine Flüstereien einschleichen.

Heiteres Miteinander

Jedes Warm-Up, das zum Miteinander-Sein beiträgt und das heitere Scheitern und überhaupt die Spiellaune fördert, ist ein gutes
Warm Up. Das müssen nicht einmal klassische Impro-Spiele sein.

Man beachte aber auch, dass manche Spiele für den Einen die
Super-Auflockerung darstellen, für den Anderen aber eher zu viel
Konzentration erfordern, zum Beispiel weil sie Fähigkeiten in den
Mittelpunkt stellen, die nicht jedermanns Sache sind, etwa Reimen,
Singen, Dialekte, Tanzen. Achtet also bei der Auswahl eurer Spiele
darauf, dass sich alle wenigstens halbwegs wohlfühlen. Andererseits solltest du als Einzelspieler nicht allzu wählerisch sein und
auch mal über deinen Schatten springen, um die Gruppenenergie
nicht zu behindern.

Grundsätzlich sind hier Spiele geeignet sind, die

- körperliche Aktivität erfordern,
- sprachliche Spielfreude einbringen

---

[84] Immer noch ein Klassiker in der Stimmbildung: „Der kleine Hey"

- geistig nicht allzu fordernd sind

Konkret sind vor der Show unter anderem folgende Gruppen-Auf-wärm-Übungen geeignet:

- Sieben[85]
- Zip-Zoom[86]
- Soundkreis[87]
- Ich bin ein Baum[88]
- Peng![89]
- Kätzchen sucht ein Plätzchen[90]

---

[85] *Sieben*: Bis zu zwölf Spieler im Kreis. Einer ruft „Eins!" und hebt dabei die Hand. Ist es die rechte, ist der rechte Nachbar dran mit „Zwei!". Hebt er die linke Hand, ist der linke Nachbar dran. So geht es weiter bis zur „Sieben!", woraufhin wieder mit „Eins!" begonnen wird. Allerdings muss sich der Spieler, der „Sieben!" ruft, flach die Hand auf die Stirn schlagen. Mit „Eins!" ist dann derjenige dran, auf den die Finger zeigen. Wer einen Fehler macht, läuft eine Strafrunde um den Kreis. (Muss schnell gespielt werden.)

[86] *Zip Zoom*: (Impro-Klassiker für mindestens sechs Spieler in mehreren Varianten). Die Spieler stehen im Kreis. Und geben sehr schnell einen Klatscher weiter – nach links verbunden mit dem Sound „Zip!", nach rechts mit „Zoom!" und zu einem beliebigen Spieler mit „Boing!" Das kann durch mehrere andere Sounds und Varianten angereichert werden.

[87] *Soundkreis*: Die Spieler stehen im Kreis und senden sich gegenseitig mit passender Körperbewegung einen Sound zu. Sound und Bewegung werden vom empfangenden Spieler aufgenommen, abgewandelt und weitergesendet.

[88] *Ich bin ein Baum.* (Impro-Aufwärm-Klassiker): Alle im Kreis. Ein Spieler geht in die Mitte und stellt pantomimisch einen Gegenstand zu und benennt ihn, zum Beispiel „Ich bin ein Baum." Ein zweiter Spieler kommt hinzu und ergänzt das Bild, zum Beispiel: „Ich bin ein Vogelnest." Dasselbe tut ein dritter Spieler, zum Beispiel: „Ich bin ein Ei." Der erste Spieler (Baum) wählt nun einen der anderen aus, der im Kreis bleibt, zum Beispiel das Ei, und von da aus starten neue Assoziationen.

[89] *Peng*: Zwei Spieler stehen sich gegenüber. Hände vor dem Bauch zu Fäusten (Nullposition). Rhythmisch gemeinsam werden die Hände nach a) oben, b) unten, c) links, d) rechts gewendet. Dazwischen immer wieder auf Nullposition. Hat man einmal dieselbe Stellung wie der Gegenüber, mimen beide auf den nächsten Beat einen Schuss nach vorn „Peng!" und spielen weiter. Langsam starten, schneller werden.

[90] *Kätzchen sucht ein Plätzchen*: Mindestens zehn Spieler stehen in einem großen Kreis. Einer in der Mitte (Kätzchen) stellt sich vor einen Mitspieler: „Kätzchen sucht ein Plätzchen." Diese antworten jeweils „Geh zu meinem Nachbarn!" Daraufhin wird einer

- Big Booty[91]
- Bauernregeln[92]
- Freeze Tags[93]
- Freies Assoziieren[94]

Weniger sinnvoll sind Spiele, die zu lange dauern, etwa längere Rate-Spiele. Hirntraining-Spiele wie *Dissoziieren* eignen sich eher für Proben, da sie nicht gerade den Flow fördern.

Wenn man eine Handvoll guter Spiel-Übungen gefunden hat, spricht zunächst nichts dagegen, sie über einen längeren Zeitraum immer wieder einzusetzen. Allerdings nutzen sich manche Spiele nach einer Weile ab. Wenn man merkt, dass die ganze Gruppe ein bestimmtes Spiel praktisch im Halbschlaf spielen könnte, ist es Zeit, es beiseite zu legen und sich aus dem riesigen Spielefundus ein neues herauszuholen.

Fokus

Nachdem man körperlich und stimmlich wach ist und auch zu einem guten Miteinander gefunden hat, ist es Zeit, sich ein paar

---

der Nebenstehenden gefragt. In der Zwischenzeit verständigen sich die Außenstehenden durch Blickkontakt auf einen Platztausch. Schafft es das Kätzchen, einen dieser Plätze einzunehmen, wird der Langsamere zum Kätzchen.

[91] *Big Booty:* Spieler stellen sich im Kreis auf. Ein Spieler ist Big Booty. Die anderen im Uhrzeigersinn sind: Nummer Eins, Nummer, Zwei, Nummer Drei usw.
Big Booty beginnt mit: „Oh yeah, Big Booty, Big Booty, Big Booty; oh yeah! Big Booty Nummer „x". Der angerufene Spieler wiederholt seinen Namen (Nummer x und nennt einen anderen Spieler (Nummer y). Reagiert der angerufene Spieler zu langsam, verhaspelt sich oder macht einen Fehler, rufen alle: „Oh shit!" der Spieler muss ans Ende der Reihe, und die Nummern sortieren sich neu. Das Spiel beginnt im langsamen Tempo und wird im Verlauf schneller.

[92] *Bauernregeln:* Spieler im Kreis. Nach dem für Bauernregeln üblichen Reimschema werden neue Bauernregeln improvisiert. Jeder Spieler sagt nur eine Silbe: „Schläft-die-Hen-ne-auf-der-Stan-ge/wird-dem-Hähn-chen-Angst-und-Ban-ge."

[93] Siehe Fußnote 9

[94] Alle Spieler im Kreis: Einer sendet ein Wort per Geste oder Klatscher an einen anderen Mitspieler. Dieser assoziiert dazu einen neuen Begriff, den er an einen anderen Spieler sendet. usw.

Spielen zu widmen, die tatsächlich direkt mit der Show zu tun haben. Entscheidend ist, dass man genügend Scheiter-heiter-Energie hierher mitnimmt. Manche Spieler sind derart aufgeregt, dass sie im Warm Up die komplette Impro-Show vorwegnehmen wollen. So wichtig Fokus auch sein mag, er darf uns nicht lähmen und uns so unserer Spielfreude berauben.

Hier gibt es keine allgemein nutzbaren Spiele, da es sehr davon abhängt, was für eine Show man spielt. Wenn ihr ein musikalisch gewieftes Team seid, dann lohnt es sich vielleicht, sich mit mehrstimmigem Gesang aufzuwärmen. Für eine Shakespeare-Show könnte man fünfhebige Jamben vor die Show setzen.

Fast immer sind Übungen geeignet, die darauf fokussieren, rasch Charaktere zu erschaffen – aus Tieren, Objekten oder Personen.

In storybasierten Shows kann man noch eine Handvoll Fünf-Satz-Geschichten[95] improvisieren.

Ich halte es durchaus für sinnvoll, wenn man vor der Show mit jedem anderen Spieler wenigstens eine kurze Szene improvisiert hat (was ab einer bestimmten Gruppengröße nur dann möglich ist, wenn die Paare parallel improvisieren[96]). Freeze Tags eignen sich da ganz gut, wenn man sie mit besonderem Fokus spielt, da sie sonst allzu leicht in der Beliebigkeit verpuffen. Gute Fokuspunkte sind hier: Emotionalität, körperliche Orientierung der Charaktere, Veränderbarkeit der Figuren, Status, Pantomime, Nutzung des Raums. Man kann diesen Fokus allen Spielern zuweisen oder sich beim Spielen selber geben. Manchmal weiß man selbst am besten, was man braucht.

---

[95] Fünf-Satz-Geschichte: Zwei bis fünf Spieler. Jeder fügt genau einen Satz zu einer Mini-Story hinzu. Im ersten Satz wird die Hauptperson etabliert, im zweiten das Umfeld und die Routine, im dritten das Problem, im vierten die Konsequenz und im fünften die Lösung. In abgespeckter Version auch als Drei-Satz-Geschichte spielbar.

[96] So müsste man bei zehn Spielern 55 Warm-Up-Szenen spielen, bei zwölf Spielern schon 78, was möglich ist, wenn man die Spielerpaare im Raum aufteilt und parallel allen jeweils eine Minute Zeit gibt.

„Wir brauchen kein Warm-Up"

Bei kleineren Auftritten wie Mixed Shows kann man sich überlegen, das formale Gruppen-Warm-Up wegzulassen. Schließlich ist es möglich, dass die äußeren Bedingungen dagegen sprechen:

- Belästigt man andere Künstler im Backstage mit dem eigenen Herumgehampel?
- Eventuell hampeln *andere* Künstler um einen herum, so dass man sich aufs Warm-Up kaum konzentrieren kann.
- Bei Firmenauftritten oder kurzen Shows auf Tagungen kann es sein, dass es weder die Zeit noch den Ort für ein Warm Up gibt.

Aber auch subjektive Gründe können gegen ein Warm Up sprechen. Wenn sich ein Spieler zum Beispiel schon vom Tag dermaßen ausgepowert fühlt, dass er sich die Reserven für die Show sparen will, sollten das die Kollegen in Erwägung ziehen.

Ich habe es auch erlebt, dass das Geplauder eine dermaßen heitere, künstlerisch-intelligente und kraftvolle Dynamik annahm, dass sie quasi fließend in ein sitzendes Warm Up überging und man entschied, das formale Warm Up fallenzulassen, da es nichts mehr hinzuzufügen gab.

Bei entspannten Shows, die sehr alltags- und publikumsnah aufgeführt werden, etwa zur Mittagspause im Universitäts-Café oder als Game-Show in einer Bar, kann man das Warm Up ebenfalls fallenlassen, wenn die Aufführung sozusagen eher einer Skizze als einer Gala gleicht.

Verzichtet man bei regulären Shows auf ein formales Warm Up, sollte man aber darauf achten, dass der Impro-Fokus erhalten bleibt und man nicht in Trägheit oder gar Müdigkeit abgleitet.

6.1.6 Unmittelbar vor der Show

- Prüfe noch einmal kurz dein Äußeres.
- Sammle dich

- Atme tief durch.
- Nehmt einander wahr.
- Schenkt einander ein Lächeln.
- Wünscht einander toi toi toi! (Oder praktiziert ein anderes aufmunterndes Ritual.)

6.2 In der Pause

In Pausen muss uns der Spagat gelingen, einerseits den Show-Fokus nicht zu verlieren und andererseits wirklich zu pausieren, also uns körperlich und geistig zu erholen.

Eine Pause sollte nicht länger als fünfzehn Minuten dauern, da sonst das Publikum ungeduldig wird. Das bedeutet aber für uns Spieler, dass wir die Pause auch gezielt als solche nutzen sollten, denn diese Zeit geht oft schneller vorbei als man glaubt.

Zunächst gilt es, rasch die körperlichen persönlichen Bedürfnisse zu befriedigen: Ein Getränk, ein kurzer Toilettengang.[97]

Längere Diskussionen sollte man in der Pause vermeiden, um die zweite Hälfte nicht mit etwaigen Meinungsverschiedenheiten zu belasten. Insofern verbietet sich auch eine Auswertung des ersten Teils in der Pause.

Für die zweite Hälfte der Show kann man sich unter Umständen noch ein paar Fokuspunkte ins Gedächtnis rufen, vor allem wenn im zweiten Teil ein anderes Format gespielt wird.

Wird ein längeres Stück über zwei Hälften improvisiert, sollte man der Versuchung widerstehen, die Story zu besprechen, da das bisweilen darauf hinausläuft, vorauszugreifen oder verschiedene Perspektiven gegeneinander abzuwägen. Behaltet das Risiko für den zweiten Teil. Allenfalls ein zwei Nachfragen bei akustischen Missverständnissen oder eine Rekapitulation von Namen und gro-

---

[97] Umstritten ist, ob die Pausenzigarette legitim ist. Ich persönlich bin auch in meiner Raucherzeit nie in der Pause rauchen gegangen. Und ich denke, dass das eigentlich auch einforderbar ist: Schließlich können Raucher auch im Kino, in Uni-Seminaren oder längeren Theatervorführungen anderthalb Stunden ohne Zigarette aushalten.

bem bisherigem Story-Ablauf sind aus Impro-Perspektive angemessen. Ebenfalls sinnvoll kann es sein, sich auf einen Spielfokus
für den zweiten Teil zu verständigen, vor allem in Bezug auf die
Spiel-*Energie*. Es geht also nicht um inhaltliche Absprachen wie
„Der Held sollte auf jeden Fall den Goldschatz verlieren", sondern
um einen Fokuspunkt, auf den sich die Spieler konzentrieren, zum
Beispiel „Lasst uns noch mehr den Helden füttern." oder „Lasst
uns im zweiten Teil das Tempo anziehen."

Was aber, wenn man sich nach der ersten Hälfte ganz und gar
nicht wohlfühlte, etwa weil man das Gefühl hatte, nicht wahrgenommen zu werden? Auch dann verbietet es sich, sämtlichen Frust
auf die anderen abzuladen. Wenn du spürst, dass du mit deinem
Unwohlsein allein bist, während alle anderen abfeiern, bitte einen
Mitspieler um ein Warm-Up-Quickie, um wieder zusammenzukommen. „Peng!",[98] Reimen, Assoziieren oder Singen bieten sich
an: Alles, was schnell geht, gute Laune schafft und die Spieler zu-
sammenführt.

Falls sich aber das schlechte Gefühl auf die ganze Gruppe gelegt hat, weil man das Gefühl hat, gründlich zu scheitern, kann es
helfen, erst einmal für einen Moment gemeinsame Stille auszuhalten. Denn das Gute ist selbst in diesen Augenblicken: Wir arbeiten
zusammen, nicht gegeneinander. Auch wenn es auf der Bühne
Missverständnisse gegeben hat, haben wir ein gemeinsames Ziel.
Findet schnell eine neue Energie, einen gemeinsamen Fokus, auf
den ihr euch einigen könnt. Diskutiert nicht lange. Findet rasch
den kleinsten gemeinsamen Nenner. Das kann unter Umständen
bedeuten, dass man sich darauf einigt, als letzte Notmaßnahme die
Reißleine zu ziehen und den zweiten Teil völlig anders zu gestalten.

---

[98] Siehe Fußnote 89

6.3   Nach der Show ist vor der Show

Feiert euch nach der Show! Egal ob du persönlich mit dem Ergebnis zufrieden warst, egal ob die Reaktion des Publikums verhalten oder begeistert war: Ihr habt etwas geschaffen. Aus dem Nichts habt ihr eine komplette Show auf die Beine gestellt.

Bedankt euch bei euren Mitspielern, so wie ihr euch zu Beginn „Toi toi toi!" gewünscht habt.

Der Übergang von „Nach-der-Show" in den Alltag sollte genauso geehrt und zelebriert werden wie das Ankommen. Statt also sofort wieder aus dem Backstage zu rennen, sich ein Bier zu schnappen und sich vom Publikum feiern zu lassen, sollte man der Show noch für einen kleinen Moment nachlauschen.

Unmittelbar nach der Show ist der Adrenalinspiegel oft noch hoch, die Eindrücke manchmal überwältigend und die Distanz zum Geschehen noch zu gering, um eine gründliche Auswertung vorzunehmen. Gebt euch dennoch ein kleines Feedback[99] und geht dann den Weg zurück, den ihr gekommen seid: Kümmert euch um euer persönliches Wohl, zieht euch um, schminkt euch ab. Verstaut eure Requisiten und Kostüme. Schaut zu, ob Techniker oder andere Assistenten Hilfe brauchen.

Wenn euch Zuschauer loben, bedankt euch. Niemand hat etwas davon, wenn ihr die Freude der Zuschauer im Nachhinein relativiert. Selbst nach Shows, die eurer Meinung nach nicht ideal gelaufen sind: Vergesst nie, weshalb ihr improvisiert – zur Freude des Publikums, zur Freude eurer Mitspieler und zu eurer eigenen Freude! [100]

Wenn ihr vor Ort abrechnet oder gar Gagen auszahlt, behandelt es diskret. Kassierer, die mit Geldbündeln herumlaufen, hinterlassen einen ungünstigen Gesamteindruck.

Dreht euch um, bevor ihr das Backstage verlasst und hinterlasst es in präsentablem Zustand.

---

[99] Siehe Kapitel 7.

[100] Siehe *Improvisationstheater. Band 1: Die Grundlagen*

7 INTERNES SHOW-FEEDBACK

Durch regelmäßiges Feedback bekommen sowohl die Einzelspieler als auch die gesamte Gruppe die Möglichkeit, sich zu entwickeln. Kleine Gewohnheiten entwickeln sich sonst zu Macken, die schwer abzutrainieren sind. Und die Gruppe leidet dann auf der Bühne und nach der Show.

7.1 Das ideale Feedback

Die ideale Situation habt ihr, wenn es einen Trainer bzw. eine künstlerische Leitung gibt[101], der sich während der Show Notizen macht (möglichst in einer der hinteren Reihen, wo ihr nicht jedes Mal seht, wenn er zum Stift greift) und direkt nach der Show Feedbacks gibt. Dabei können folgende Fragen eine Rolle spielen

---

[101] Trainer oder künstlerische Leiter sind weniger involviert als Mitspieler, die sich untereinander Feedback geben und voneinander Feedback bekommen.

- Wie hat die Show aufs Publikum gewirkt? Habt ihr die Zuschauer erreicht?
- Hat die Show/das Format als Ganzes funktioniert?
- Was waren schöne Momente des Miteinanders?
- Schöne Spielzüge jedes einzelnen Spielers.
- Kritische Anmerkungen.

Das Positive sollte insgesamt für die Gruppe und auch für die einzelnen Spieler überwiegen. Damit ist nicht allein eine nette Atmosphäre gemeint. Sowohl für den Einzelnen als auch für die Gruppe ist es wichtig, das Positive und die Leistungen zu kennen und zu wissen, worauf man aufbauen kann, was gewissermaßen als Fundament dient. Kritik zeigt mir, woran ich arbeiten kann. Wenn wir also hören, dass die einzelnen Szenen gut waren, wir sehr gut aufeinander eingegangen sind und schauspielerisch brilliert haben, dann können wir gleichzeitig mit heiterer Gelassenheit den kritischen Punkt aufnehmen, dass unsere Show durch die zu schnellen Szenenwechsel etwas hektisch wirkte und an diesem Punkt fröhlich und entschlossen bei der Probe arbeiten.

Der künstlerische Leiter kann, wenn die Zeit es erlaubt, Raum geben für persönliches Feedback und Fragen der Spieler. Wichtig dabei: Verzettelt euch nicht. Es kann genügen, festzustellen, dass sich Carla in der Eiscafé-Szene von Maxim blockiert fühlte. Wir müssen nicht alle unseren Senf dazu geben, ob Maxim wirklich blockiert hat oder ob Carla mit dem Blockieren hätte kreativer umgehen können. In der Ideal-Situation bestimmt der Trainer, wie lange die Diskussion geht. Länger als 10 Minuten sollte das Nach-Show-Feedback nicht sein, sonst entsteht bald das Gefühl, die Show wird zerredet.

Etwas ausführlicheres Feedback mit anschließendem Training ist auch bei der nächsten Probe möglich, die idealerweise gleich am nächsten Tag stattfindet (da sind die Eindrücke und Erinnerungen noch einigermaßen frisch).

Leider lässt sich die Ideal-Situation nur selten umsetzen. Viele Gruppen arbeiten ohne Trainer oder Regisseur und funktionieren demokratisch, die nächste Probe ist erst in zwei Wochen, und überhaupt können Maxim und Carla, die heute gespielt haben, an der Probe nicht teilnehmen. Diese Hindernisse sollten euch aber nicht davon abhalten, einander Feedback zu geben.

7.2 Feedback-Grundregeln

In Gruppen ohne künstlerische Leitung ist es mindestens ebenso wichtig, auf positive Atmosphäre zu achten, da meist alle involviert sind und eine negative Gesprächsführung eine fatale Eigendynamik entwickeln kann, die der Sache nicht dient.

Betont als erstes, was euch gefallen hat. Lobt auch diejenigen Mitspieler, die ihr zu kritisieren gedenkt. Betont die Ich-Perspektive. (Das heißt, du betonst, dass *du* die Szene so oder so empfunden hast, anstatt diese Erfahrung zu verallgemeinern.) Diese positive Grundhaltung ist nicht nur für die Gruppe, sondern für euch selber auch wichtig. Ein allzu kritischer Blick verzerrt manchmal die Perspektive. Und denk daran: Deine Sicht ist zunächst mal nur *deine* Sicht. Bleib bescheiden gegenüber der Gruppe, den Mitspielern, der Kunst.

Also statt „Deine Angebote in der Bahnhofs-Szene waren total wirr und unklar", lieber: „Ich konnte mit deinem blinden Angebot in der Bahnhofs-Szene nichts anfangen. Es würde mir vielleicht leichter fallen, wenn du manchmal einen gemimten Gegenstand auch benennst."

Kontraproduktiv und unter der Gürtellinie sind persönliche Angriffe und Verallgemeinerungen: „Üb du erst mal Pantomime. Aus deinem ständigen Gehampel wird doch keiner schlau."

Wenn es also in der Gruppe den Konsens gibt, dass wir einander nicht beschuldigen, dann können wir einen Schritt weiter gehen, hin zu der Grundannahme, dass die Kritik meiner Mitspieler nie als Beschuldigung oder Anfeindung *gemeint* ist. Wenn dir also ein Feedback zu negativ oder gar verletzend erscheint, bitte deinen Mitspieler einfach, es noch einmal anders zu formulieren.

Nimm persönliches Feedback an, auch wenn du vielleicht im konkreten Falle nicht viel damit anfangen kannst. Wenn du meinst, du hast Stephan nicht blockiert, dieser das aber so als Feedback an dich formuliert, dann können ja zwei Wahrnehmungen durchaus nebeneinander stehenbleiben. Wenn du aber ähnliches Feedback mehrmals und von verschiedenen Seiten hörst, dann könnte es sinnvoll sein, am beschriebenen Verhalten durch Fokus und/oder Training etwas zu verändern.

Seid euch auch in euren Feedbacks darüber im Klaren, dass Improvisation die Möglichkeit des Scheiterns mit sich führt. Auch (und gerade) große Formate können danebengehen, und auch deren Scheitern müssen wir umarmen können.

Seid großzügig. Improtheater zu spielen ist eine komplexe Handlung. Nicht jeder ist immer und auf allen Handlungs-Ebenen zu 100 Prozent auf der Höhe seines Könnens. Habt das gemeinsame Ziel vor Augen (das ihr in der Improvisation sowieso nie ganz erreichen werdet). Wenn klar ist, dass ihr dasselbe wollt, dann ist Scheitern auch leichter zu ertragen, sowohl das eigene als auch das der anderen. Wenn ihr hingegen merkt, dass es tatsächlich immer wieder unterschiedliche Auffassungen über eure künstlerischen Ziele gibt, dann vertagt diese Diskussion, statt das Show-Feedback damit zu belasten.

Manchmal kann es sinnvoll sein, ein allgemeineres Feedback an die gesamte Gruppe (d.h. inklusive sich selber) zu adressieren, etwa: „Ich habe das Gefühl, dass durch unseren Fokus auf die Storys zur Zeit die Charaktere auf der Bühne etwas flach geraten." Haltet mit so etwas nicht hinterm Berg. Aus solchen Gedanken können gute Proben entstehen.

Haltet das Feedback kurz! Man kann sich schön verzetteln mit Fragen, wie wer welche Szene gesehen hat. Bleibt knapp und klar. Behaltet die Zeit im Auge.

7.3 Feedbacks unmittelbar nach der Show

Wenn es irgendwie möglich ist, dann gebt euch wenigstens ein kleines Feedback unmittelbar nach der Show.

Wichtigste Regel hier: Feedback stets ohne Publikum! Das sollte eigentlich klar sein, aber mache Spieler lassen sich dazu verleiten, mit Zuschauern nicht nur Szenen revuepassieren zu lassen, sondern ihre Mitspieler zu kritisieren. Abgesehen vom seltsamen Eindruck, den das hinterlässt, tut es auch dem Vertrauen innerhalb der Gruppe nicht gut. Selbst wenn man es in scherzhaftem Ton geschieht und alle zunächst damit einverstanden sind, kann es doch beim nächsten Mal schon danebengehen. Künstlerisches Feedback braucht einen geschützten Raum.

Die Kunst besteht hier darin, das Positive überwiegen zu lassen, auch wenn es anstrengend war. Jeder hat die Show anders wahrgenommen. Selbst wenn wir glauben, an unseren künstlerischen Maßstäben gescheitert zu sein, könnte es dennoch sein, dass das Publikum sich zu Recht über die Show gefreut hat. Und umgekehrt: Selbst wenn ich mich wohlfühle, kann es sein, dass sich meine Mitspieler von mir im Stich gelassen fühlten. Selbst wenn drei Zuschauer die Show verlassen haben, können wir uns freuen, in neue Impro-Sphären vorgestoßen zu sein.

Falls ihr unzufrieden seid, zügelt euren Ärger und das zeitliche Ausmaß des Feedbacks. Mehr als anderthalb Minuten pro Spieler muss es nicht dauern. Bei großen Gruppen sogar weniger.

Wie schon erwähnt, sollte das Feedback knapp gehalten werden. Das gilt noch mal in besonderem Maß für Feedbacks unmittelbar nach der Show , denn schließlich wollt ihr ja auch noch mit euren Freunden aus dem Publikum reden, ein Bier an der Bar trinken usw. Wenn ihr nichts Konkretes zu sagen habt, dann belasst es bei „Es hat mir sehr viel Spaß gemacht, mit euch zu spielen."

Wertet niemals vor einer Show die letzte Show aus. Das kann wirklich runterziehen. Schaut vorwärts.

7.4   Spezialfall der großen Gruppe

Wenn ihr in einer sehr großen Gruppe arbeitet (ich spreche hier von zwölf oder mehr Mitgliedern eines Ensembles), dann könntet ihr vor dem Problem stehen, den künstlerischen Kompass zu verlieren, da die einzelnen Spieler zu verschiedene Bedürfnisse haben. Wichtig bleibt aber, dass ihr beim Feedback eine Sprache sprecht. Also braucht ihr entweder regelmäßige Treffen, in denen ihr euch über den Kurs des Ensembles verständigt oder ihr legt euch auf einen künstlerischen Leiter fest, dessen Funktion sich auch zeitlich beschränken kann (zum Beispiel auf zwei Jahre).

7.5   Spezialfall Duo

Der Vorteil eines Duos besteht darin, dass man sich sehr gut kennt, sich schnell aufeinander einspielen kann. Duos haben sich oft schon gefunden, weil zwei Schauspieler gemerkt haben, dass der jeweils andere eine ähnliche Vorstellung vom Umzusetzenden oder Umsetzbaren hat. Oft verstehen zwei Spieler, die lange miteinander improvisieren, einander irgendwann fast blind. Aber genau diese wertvolle Nähe und dieses großartige Einverständnis kann zum Problem werden, wenn das Duo betriebsblind wird.[102]

Bei Duos kann das künstlerische Feedbacks durchaus sparsam betrieben werden. Die zwei können viel eher auf das Funktionieren oder Nicht-Funktionieren von gemeinsamen Momenten referieren. Aber dem Duo fehlt oft die kritische Außensicht. Selbst bei einem Trio gibt es, zumindest in Zweierszenen, wenigstens einen Dritten, der ab und zu nicht auf der Bühne steht und das Ganze etwas objektiver beurteilen kann. Duos sollten sich ab und zu Feedback von außen zu holen, von den Technikern und Musikern. Achtet auf kritische Stimmen aus dem Publikum, *gerade* wenn sie selten sind.

---

[102] Zur Frage der Gruppengröße und der damit verbundenen Vor- und Nachteile, siehe *Improvisationstheater. Band 8: Gruppen, Geld und Management*

8 ZUBEHÖR

8.1   Kostüme

8.2   Masken und Perücken

8.3   Bühnenbild und Bühnen-Elemente

8.4   Requisiten

8.5   Technik

Wer im Improtheater mit Kostümen, Bühnenbild, Requisiten und
Masken arbeiten möchte, gerät in einen schwer auflösbaren Wider-
spruch: Einerseits können uns diese Mittel helfen, ganz neue Elemente auf die Bühne zu bringen, uns selbst herauszufordern und
die Wahrnehmung des Bühnengeschehens zu verändern. Andererseits schränken diese Mittel auch die Improvisation selbst ein.
Wenn etwa in der Mitte der Bühne ein Brunnen als Bühnenbild
fixiert ist, wird die Szene eben nur dort stattfinden können. Sobald
ich mir den Arztkittel angezogen habe, kann ich als nichts anderes
mehr angespielt werden. Bei manchen Gegenständen, die man
rasch wechselt, zum Beispiel Kostüme und Perücken, kann einen
das Auswählen, auch wenn man nur eine Sekunde braucht, aus
dem Moment des Spielens bringen. Es gilt also abzuwägen.

8.1 Kostüme

Eine der aufwendigsten Kostümvorbereitungen sah ich bei der texanischen Gruppe *Parallelogramophonograph.* Eine knappe Stunde war die Truppe mit Umziehen, Schminken und Schnüren beschäftigt. Das wunderbare einstündige improvisierte Stück wurde im Stil einer französischen Farce des 19. Jahrhunderts gespielt. Der Preis, den die Spieler für diese Realitätsnähe bezahlten, bestand in der Unveränderbarkeit der Figuren und der Spieler selbst. Das heißt, wenn man, wie in diesem Fall, einen jungen und einen älteren Herren sowie eine junge und eine ältere Dame etabliert hat, dann muss sich das Stück und das Figuren-Ensemble in diesem Rahmen bewegen. Der ältere feingekleidete Herr kann zwar ein Arzt, der Hausherr, der Klavierlehrer sein, nicht aber der Postbote, der Küchenjunge, der Kutscher.

Bei diesen markanten und unveränderlichen Kostümierungen ist zu bedenken: Das Kostüm markiert dermaßen das Äußere, dass es im Grunde nicht möglich ist, mehr als eine Figur zu spielen. Unsere sonstigen Möglichkeiten – die Differenzierung zweier Charaktere voneinander durch Gestik und Haltung, überlagert das Kostüm durch seine visuelle Prominenz. Im Rahmen eines spezifischen Genres kann man diese Einschränkungen durchaus hinnehmen. Entscheidend ist, dass man sich dieser Einschränkung bewusst ist und sie bedient. Man sollte also, besonders bei kleineren Ensembles figureneffizient spielen, also besonders darauf achten, dass die eigene Figur nicht die andere doppelt, dass sie nicht reine Randerscheinung bleibt und nicht in den ersten Minuten bereits stirbt.

Die fixen Kostümierungen eignen sich vor allem, um Genre-Stücken Farbe zu geben. Daher lohnt es sich, darauf zu achten, dass die Kostüme zumindest eine gewisses Spektrum verschiedener Figuren erlauben. Wenn man zum Beispiel ein Stück im Stil von *Downton Abbey* spielen möchte, könnte sich eine Spielerin ein altmodisches einfaches langes weißes Kleid anziehen. Je nachdem, in welcher Rolle sie landet, kann sie sich später als Küchengehilfin noch spontan eine Schürze umbinden oder als Hausdame eine Kette umlegen.

Wie aber nutzen wir Kostüme in freien Szenen und spontan? Einige Gruppen haben sich ein richtige kleine Garderobe angelegt, aus der sie sich spontan bedienen. Ein Arzt wird gebraucht – man greift nach dem weißen Kittel. Ein exzentrischer Künstler – die gelbe Kunstfelljacke kommt zum Einsatz. Das kann bisweilen durchaus amüsant sein. Tatsächlich gibt es gerade bei ausgefallenen Kostümen ein großes Hallo beim Publikum. Aber den Impro-Spielern sollte klar sein, was sie hier tun. Zieht das Kostüm zu viel Aufmerksamkeit auf sich, verlieren die Szenen an Substanz und tendieren zum Trash. Brauche ich wirklich einen Arztkittel, um einen Arzt darzustellen? Nutzen wir die Kostüme vielleicht, um schnelle Lacher zu erzielen, die die Szenen für sich nicht hergeben?[103]

Wenn Kostüme szenisch und schauspielerisch unterstützen sollen, unterstützen simple Kleidungsstücke die Körperlichkeit. Eine Lederjacke trägt man anders als einen Sakko, ein Barrett anders als eine Pudelmütze oder eine Melone.[104]

8.2 Masken und Perücken

Eine Maske verändert dich, sobald du sie aufsetzt, vorausgesetzt, du bist dazu bereit, dich auf die Emotionalität der Maske körperlich einzulassen. Es entsteht eine Art Trance, die den Spieler von

---

[103] Und auch hier möchte ich einen Anti-Dogma-Disclaimer einfügen: Schließlich kann es ja sein, dass wir in unserer Show genau das wollen – einen überbordenden Wahnsinn, der durch schrottige Kostüme noch verschärft wird.

[104] Aus diesem Grunde mag ich auch Games und Formate, in denen man sich Kleidungsstücke vom Publikum borgt, die einen in eine andere Körperlichkeit lenken und gerade dadurch, dass sie von den Zuschauern beigesteuert werden, realistisch genug sind, um der Darstellung genügend Erdung zu verleihen.

seinen Bewertungen befreit[105] und ihm somit hilft, sich ganz auf den Prozess des Improvisierens einzulassen.

Die Maske verstärkt im Grunde eine Emotion oder Physiognomie und gibt dadurch auch der Körperlichkeit einen großen Spielraum. Durch die Maske entsteht etwas, das größer als der Spieler ist.

Die Stärke der Maske ist aber auch gleichzeitig ihre Schwäche: Sie ist groß und verändert sich nicht. Das heißt auch, die Einsatzmöglichkeiten sind stark begrenzt. Maskendarstellungen haben praktisch immer einen Verfremdungseffekt eingebaut, was sie für moderne Formen sehr nutzbar macht. Ein klassischer, sich verändernder Helden in realistischer Darstellung ist allerdings mit Maske nur schwer umzusetzen (es sei denn die Maske an sich wird thematisiert wie in *Das Phantom der Oper* oder *Zorro*).[106] Und so sehe ich die Nutzung für Masken beschränkt auf:

- Kurze Sketche oder Games
- unveränderliche Typen (Nebenfiguren, Antagonisten usw.)
- Grotesken
- Pantomimen

Wenn du im Improtheater und in der Comedy Perücken benutzt, spielst du Trash oder Clownerie. Du kannst den Trash ironisieren (wie es zum Beispiel die Komiker Fil oder Helge Schneider tun), aber du kommst nicht über ihn hinweg. Eine Perücke hilft dir kaum, einen Character zu verkörpern. Sie steht in aller Regel so sehr im Gegensatz zum Performer, dass der Zuschauer über diesen Gegensatz lacht, nicht aber über die Komik der Szene.

---

[105] Keith Johnstone beschreibt diese Transformation in „Improvisation und Theater" ausführlich in einem eigenen Kapitel.

[106] Eine Verwandtschaft lässt sich zu den starren Figuren des Figurentheaters erkennen, wo ebenfalls die Figuren unveränderlich bleiben. Bei einem „tapferen Schneiderlein" ist das ja hinnehmbar, kaum aber bei ausgereiften Charakteren.

8.3 Bühnenbild und Bühnen-Elemente

8.3.1 Fixes Bühnenbild

Manche Gruppen haben mit großen Theaterhäusern einen speziellen Deal: An Tagen, an denen das reguläre Stück nicht gespielt wird oder zu späten Zeiten, wird die Bühne für Improtheater freigegeben. Voraussetzung ist dabei, dass das Bühnenbild stehenbleiben, also genutzt werden muss.

Ich halte das für eine großartige Möglichkeit, Improtheater zu spielen.[107] Die Limitierung durch das Bühnenbild ist hier wiederum eine großartige Chance. Trotz der scheinbar einengenden Vorgabe des Raumes lassen sich wunderbar Publikumsvorschläge einbauen. Wenn wir zum Beispiel ein Schlafzimmer haben, könnte man fragen, wer hier wohnt oder was gerade fünf Minuten zuvor in diesem Schlafzimmer geschehen ist. Manche Bühnenbilder sind vielleicht abstrakter und lassen sich räumlich extravagant ausnutzen. In jedem Falle sollte man das Bühnenbild zuvor austesten – aus Sicherheitsgründen, aber auch, um zu probieren, welche räumlichen und körperlichen Möglichkeiten das Bühnenbild bietet.

8.3.2 Flexible Bühnen-Elemente

Im Improtheater der Keith-Johnstone-Tradition springen aufs Stichwort die Bühnenbild-Improvisierer auf die Bühne, platzieren echte Utensilien für das anstehende Game auf die Bühne – Tisch, Teppich, Sofa, Garderobenständer und so weiter – und tragen sie nach der Szene wieder ins Off. Der Effekt ist enorm, da dem Pub-

---

[107] Auch denke ich (oder hoffe zumindest), dass es in Zukunft derartige Deals häufiger geben wird. Die Wahrscheinlichkeit dafür wird steigen, wenn sich einerseits die Qualität des Improtheaters verbessern wird und andererseits etabliertes Theater und Theaterpublikum für die Improvisation öffnen.

likum demonstriert wird: Wir sparen nicht, sondern tun alles, um die Szene so lebendig wie möglich zu zeigen.

Nur wenige Improtheater können oder wollen sich den Luxus dieser Zusatzspieler leisten, abgesehen davon, dass viele nicht einmal den Platz für größere Bühnenelemente haben. Darüber hinaus muss sich eine Gruppe mit genügend großer Bühne fragen: Was wollen wir mit Bühnenbildern?

Falls man die Möglichkeit hat, auf einer großen Bühne zu spielen, die auch Platz genug für einige Bühnen-Elemente hat, ist es höchst praktikabel, diese flexibel zu nutzen. Ein großer, stabiler Tisch kann dann ein Sprungturm, ein Hochhaus, eine Kochplatte werden. Ein Sofa wird umfunktioniert zu einem Schützengraben, einer Badewanne, einem Raumschiff. Je weniger Aufmerksamkeit die Bühnenelemente für sich in Anspruch nehmen, je stabiler sie sind und je leichter man ihre Position auf der Bühne verändern kann, umso eher eignen sie sich für die Zwecke der Improvisation. Umständliche Umbauten hingegen verzögern den Beat der Szene und sind allenfalls zwischen sehr langen Szenen in größeren Stücken sinnvoll.

8.3.3   Reduzierte Varianten

Schauen wir uns den Gegenentwurf an, der zurzeit auf Impro-Bühnen dominiert: Das einzige Bühnenelement sind zwei, drei Stühle oder Hocker, die flexibel einsetzbar sind. Stühle und Hocker haben den großen Vorteil, dass wir sie rasch schnappen und sofort eine andere Szenen-Anordnung etablieren können. Wenn die Stühle hinreichend stabil sind, lassen sie sich auch pantomimisch umdeuten – als Tische, Leitern, Auto usw.

Manche Gruppen verzichten sogar auf die Stühle und mimen auch das Sitzen stehend. Das empfiehlt sich, wenn man die szenische Dynamik erhöhen will oder wenn die Zuschauerbestuhlung so ungünstig ist, dass man sitzend kaum noch gesehen würde. Aber optisch ist es für den Zuschauer schon eine Abwechslung, wenn die Spieler ihre Vertikale flexibel einsetzen, sprich: sich ab und zu hinsetzen.

Aber Vorsicht! Wenn man von einem anstrengenden Tag etwas erschöpft ist, werden Stühle manchmal „magnetisch". Man sucht geradezu nach Situationen, um sich hinzusetzen. An solchen Abenden kann man sich bewusst auch mal der Stühle berauben, um die Dynamik zu erhalten.

8.4 Requisiten

Echte Requisiten sind im Improtheater eine zweischneidige Angelegenheit. Sie können die Szenen durchaus inspirieren. Mit realen Requisiten im Improtheater ergibt sich aber das Problem, dass sie in einer ansonsten gemimten Welt herausragen, was beim Publikum zu einer Wahrnehmungs-Dissonanz führen kann: Warum ist die Kaffeetasse gemimt, der Löffel aber nicht? Damit verwandt ergibt sich für den Impro-Spieler ganz praktisch die Frage, wo er den Gegenstand ablegen soll, wenn er auf der Bühne ist. Wie stelle ich eine reale Saft-Flasche in einen gemimten Kühlschrank? Wie lege ich einen realen Zollstock in das gemimte Auto-Handschuhfach? Hier braucht man rasche Alternativen:

- den Gegenstand auf dem Allzweck-Bühnenhocker legen, der dann eben umdefiniert wird,
- den Gegenstand auf den Bühnenboden ablegen (meist die visuell ungünstigste und uneleganteste Variante),
- den Gegenstand einem Zuschauer in die Hand geben und diese dann als Fensterbrett/Schaukelstuhl usw. definieren,
- den Gegenstand in die Hosentasche stecken,
- den Gegenstand gar nicht ablegen.

Wir sehen, dass all diese Varianten die spielerischen Optionen *begrenzen*. Daher sollte man sich, wenn man mit realen Requisiten spielen will, genau überlegen, ob man diese Begrenzungen in Kauf nehmen möchte. In kleinen Games spielt dieses Problem sicherlich keine große Rolle. Bei Langformen spricht für die Nutzung von Requisiten:

- die Verbindung zum Publikum, wenn man dessen Gegenstände in die Story einbaut,
- ein starkes Format, das den Gegenstand selbst im Fokus hat (wie zum Beispiel *Roter Faden*).[108]

8.5 Technik

Die Techniker haben eine große Verantwortung für die Show, die von manchen Impro-Spielern (und bisweilen sogar von den Technikern selbst) etwas unterschätzt wird. Je größer die Möglichkeiten für die Techniker sind, umso wichtiger ist es, dass sie selbst ein Gespür für Improvisationstheater entwickeln oder gar selber Impro-Spieler sind.[109]

Im einfachsten Fall, wenn die Gruppe in einem kleinen Café ohne größeres Equipment oder improvisierenden Techniker spielt, ist es dennoch wichtig, dass das Fundament für die Show steht.

- Die Bühne sollte angemessen ausgeleuchtet,
- die Mikrofone angemessen ausgesteuert,
- die Bühne sicher aufgebaut sein.

---

[108] Roter Faden: Langform von Randy Dixon für vier bis zwölf Spieler. Das Publikum wird vor der Show oder in der Pause gebeten, einen realen Gegenstand auf die Bühne zu legen. Dieser Gegenstand wird die Szene nie verlassen. Die erste Szene an dem ersten Schauplatz des Ortes dauert solange, bis eine Figur den Gegenstand mitnimmt. Solange er transportiert wird, sehen wir all das, was diese Person sieht und hört. Es gibt keine Orts- und Zeitsprünge. Man kann es sich so vorstellen, dass der Gegenstand die „Kamera" des Geschehens ist. Dadurch wird das Gezeigte fragmentarisch und weniger storyhaft. Die Szene kann mitten im Geschehen unterbrochen werden, weil der Träger des Objekts den Schauplatz verlässt oder die Handelnden den Schauplatz verlassen, während das Objekt vor Ort bleibt. Ausführlich zu diesem und ähnlichen Formaten siehe: Randy Dixon: *„Im Moment."* und Dan Richter: *„Improvisationstheater. Band 6. Freie Formen und Collagen".*

[109] Für eine Übersicht zu Bühnenbeleuchtung in kleinen Theatern siehe: *Ziemke/ Lipsius: Bühne und Beleuchtung. Bühne, Bühnenbau und Bühnenlicht im Schul- und Amateurtheater.*

8.5.1 Bühne

Wenn man nicht in einem Theater mit fester Bühne spielt, ist man manchmal auf transportable Bühnenteile angewiesen, die für jede Show neu aufgebaut werden. Sicherheit geht hier über alles. Achtet auf Stabilität. Wenn den Schauspielern während des Spielens der Boden unter den Füßen wegrutscht, kann das in üblen Unfällen enden. Arbeitet mit soliden Gurten und Bühnenteilen.

Wichtig ist, dass die Spieler gesehen werden. Danach richtet sich letztlich die Bühnenhöhe.

8.5.2 Beleuchtung

Die wichtigste Aufgabe des Beleuchters ist natürlich, die Bühne sinnvoll auszuleuchten, das heißt, er ist, wie die Spieler auf der Bühne für die Szene verantwortlich. Aber als Beleuchter ist er nicht nur Diener der Mitspieler, sondern er kann auch selbst Spiel-Angebote machen. (Wie weit das möglich ist, hängt natürlich auch davon ab, welche Technik zur Verfügung steht.) Da uns meist kein Bühnenbild zur Verfügung steht, kann die Beleuchtung räumlich kreativ werden. Profilscheinwerfer können Räume oder Silhouetten andeuten oder schmale Gassen beleuchten.

Black

Die wichtigste Impro-Fähigkeit eines Beleuchters ist Timing. Wisse, wann du das Licht runterzufahren hast. Das *Black* setzt ein Ende der Szene (und eventuell des Stücks). Vor allem bei Games, Kurzformen oder kurz-szenigen Langformen sollte man sich quasi mit dem Ensemble eingrooven, ein Gefühl für die Spielweise bekommen, für die Games und Formate, sowie deren Anforderungen.

Als Beleuchter bist du Mit-Improvisierer, das heißt, manchmal hängt die Szene auch von deinem Gespür ab. Gerade wenn sie nur mäßig läuft, kannst du deine Kollegen retten. Ein Satz, der auch nur halbwegs stark ist, wenigstens ein kleines Kichern im Publikum auslöst oder cliffhanger-fähig ist, genügt, um per *Black* einen Schluss zu setzen. Das so geschaffene kluge/lustige/spannende Ende überstrahlt die Mittelmäßigkeit der ganzen Szene.

Nicht jedes *Black* muss rasch gezogen werden. Manche Langformen oder lange Stücke „klingen aus", statt mit einem Knall zu enden. Ein poetisches Schlussbild wirkt stärker, wenn es langsam ausgeblendet wird.

Farbgestaltung

Die Grundausleuchtung sollte mit weißen Scheinwerfern erfolgen und wenn möglich mit warmem Licht (Gelb, Orange, Rot) angereichert werden.

Wenn du den Luxus hast, mehrere Ausleuchtungen und Farben zur Verfügung zu haben, dann nutze die Möglichkeiten. Eine Szene auf dem nächtlichen Friedhof kann dann blau ausgeleuchtet sein, eine Szene in einer Bar rot, ein Winterabend im gedimmten kalten Blau-Weiß usw.

Gerade wenn man mit dem Licht starke Angebote macht, braucht man das Vertrauen der Schauspieler und ein gutes Feedback. Wenn ein Impro-Schauspieler etwa den Impuls hat, die nächste Szene in einer Kantine zu beginnen und die Ausleuchtung ist rot gedimmt, dann müsste er spontan genug sein, um sich auf diese Ausleuchtung einzustellen und Raum oder Zeit anzupassen. Dieses Geben und Nehmen zwischen Schauspielern und Technikern muss trainiert werden.

Eine Falle für Licht-Improvisierer liegt darin, eine komplette Show „zu stimmungsvoll" auszuleuchten: Eine dauerhaft schummrig beleuchtete Bühne macht das Zuschauen anstrengend und ermüdet das Publikum.

Scheinwerfertypen

- *Stufenlinsenscheinwerfer*
  Diese Scheinwerfer sind die am häufigsten gebrauchten Thea-

terscheinwerfer. Durch den etwas diffusen Lichtstrahl lassen sich mehrere dieser Scheinwerfer kombinieren und so die komplette Bühne ausleuchten, ohne dass die Ränder des Lichtstrahls zu erkennen wären. Sie sind flexibel lassen sich gut auf verschiedene Bereiche der Bühne einstellen und man kann sie mit Farbfiltern versehen.

- *Profilscheinwerfer*
  Profilscheinwerfer geben einen sehr klar konturierten Lichtstrahl ab und werden auf größere Entfernungen benutzt. Sie lassen sich ebenfalls mit Farbfiltern kombinieren, aber auch mit sogenannten „Gobos". Gobos sind geschnittene Profile, die sich direkt auf die Bühne übertragen lassen und dort einen bestimmten Lichteffekt erzeugen, zum Beispiel ein Fensterkreuz, ein Häusergiebel usw.

- *Verfolger*
  Verfolger-Scheinwerfer werden benutzt, um einzelne Figuren auf der Bühne mit einem einzelnen Scheinwerfer zu verfolgen. Der Rest der Bühne bleibt dann dunkel oder nur sehr schwach ausgeleuchtet Ein Verfolger-Scheinwerfer wird im Improtheater nur in Ausnahmefällen eingesetzt, da dafür eine zweite Technik-Person eingesetzt werden muss. (Als Standard-Scheinwerfer sollte man den Verfolger nicht missbrauchen, da seine Leucht-Charakteristik sich nicht mit dem üblichen Scheinwerfer-Ensemble verträgt.

- *Fluter*
  Fluter werden meist in mehreren Packs benutzt, um größere Flächen zu beleuchten und kommen in den üblichen Impro-Theater-Spielstätten nur in Ausnahmefällen vor. Falls ihr mit Flutern arbeitet, solltet ihr darauf achten, dass es sich um professionelle Theater-Fluter handelt. Baumarktfluter, sind zwar billig aber werden zu heiß, um sie dauerhaft im Theater nutzen zu können.

- *LED-Scheinwerfer*
  Zwar verbrauchen LED-Scheinwerfer 70-80% weniger Strom als normale Scheinwerfer. Man kann mit RGB-Farbkombinationen prinzipiell alle Farben auf die Bühne werfen, ohne Filter auszuwechseln. Allerdings ist das Licht, das sie abgeben, stumpf und kalt. Techniker müssen bei Farbveränderungen mit mehreren Reglern hantieren, um eine Feinjustierung zu erreichen. Daher rate ich dazu, sie allenfalls als Ergänzung zu nutzen.

- *Stroboskop*
  Der Flacker-Effekt ist gut geeignet, um zum Beispiel extreme Szenen wie Action-, Tanz- oder Gewalt-Szenen in Zeitlupe darzustellen. Wenn ihr (potentiell) Stroboskop-Licht verwendet, müsst ihr das vorher ankündigen, da dieses Licht bei Epileptikern Anfälle auslösen kann.

8.5.3 Sound

Grundlegendes

Wenn es irgendwie möglich ist, spielt unverstärkt mit kräftiger Bühnenstimme.[110] In Sälen mit schlechter Akustik kommt man aber manchmal nicht drum herum, sich verstärken zu lassen. Hier gibt es zwei Möglichkeiten: Entweder man benutzt Raummikrofone, die den Bühnensound leicht verstärken oder man arbeitet mit Head Sets (kleine Mikrofone, die direkt am Kopf getragen werden).

Raummikrofone nutz man, wenn lediglich eine kleine Zusatzverstärkung benötigt wird. Achtet darauf, dass man nicht reine Gesangsmikrofone umfunktioniert. Raummikrofone erkennen eure Signale noch aus mehreren Metern Entfernung. (Diese große

---

[110] Dass man „nur" Laientheater spielt, ist keine Ausrede für schwache Bühnensprache. Ihr müsst verstanden werden. Nimm einen Kurs für Stimme und Gesang.

Reichweite ist auch gleichzeitig die Schwäche: Sobald Lautsprecher in der Nähe sind, kommt es zu Rückkopplungen.)

Head Sets sollten nur die letzte Option sein, da es fürs Publikum etwas irritierend ist, wenn die Stimme aus einer anderen Richtung kommt als die Schauspieler. Achtet auf gute Qualität, sonst klingt ihr wie Rummelplatz-Ansager.

Bei Mikrofonen, die für kurze Gesangs-Einlagen oder für Hintergrund-Geräusche oder Hintergrund-Erzähler genutzt werden, bieten sich dynamische Mikrofone an, die vor allem die Stimme gut in den Vordergrund stellen. Achtet auf gute Aussteuerung der Mikrofone (Tiefen/Mitten/Höhen, eventuell Hall).

Klang-Impro

Improvisation mit Klängen kann die laufende Szene unterstützen und lebendig machen: Vogelgezwitscher im Wald, ein pfeifender Schneesturm, eine gurgelnde Espressomaschine. Technisch lässt es sich simpel oder anspruchsvoll umsetzen:

- per Mikrofon von den im Off stehenden Spielern selbst.
- vom Musiker über Instrumente, den Synthesizer, das Mikrofon oder voreingestellte Sounds.
- vom DJ
- vom Techniker
- von den Spielern auf der Bühne

Gute Sounds können eine Szene ungeheuer bereichern, ihr Farbe und emotionalen Schwung verleihen. Es stellen sich aber zwei Fragen:

1. Wieviel

Vor einer Weile sah ich eine ziemlich gute Impro-Szene, die an einem Strand spielte. Die Szene wäre grandios gewesen, wenn nicht der Sound-DJ die Szene mit Strandakustik zugekleistert hätte. Man hörte Möwen, ab und zu das Horn eines Schiffs und dazu permanent das Rauschen des Meeres. Das

> alles beeindruckte zunächst und gab dem Zuschauer ein Gefühl für die Szenerie, aber schon nach einer Minute, erschwerte der Geräuschballast das Verständnis des Dialogs enorm.

In einem Film würde man die Handlung einer actionlastigen Szene (zum Beispiel wir *Soldat Ryan*) durch schnelle Schnitte eher *zeigen* statt erzählen, der Lärm wäre gar kein Problem. In dialoglastigen Szenen hingegen tritt nach einer Weile der Sound zugunsten der Stimmen in den Hintergrund. Wir können uns aber auch geskriptetes Theater als Vorbild nehmen, in dem beim Sound auch eher angedeutet statt ausgearbeitet wird. Mit anderen Worten: Als Ton-Improvisierer sollte man sich fragen: Hilft der Ton-Einsatz der Szene oder ist es lediglich Effekthascherei?

2. Wann

Bei vorbereiteten Sounds haben wir das Problem, dass sie zeitgleich zur Szene ablaufen müssen. Bei den meisten Geräuschen ist eine kleine Verzögerung von drei Sekunden hinnehmbar. Aber das Geräusch eines startenden Motors darf nicht erst abgespielt werden, wenn der Schauspieler schon das Fahren mimt. Noch schwieriger zu synchronisieren sind plötzliche Knallgeräusche, wie Hammerschläge oder Pistolenschüsse. Hier lohnt es sich, falls man ein gewalt-lastiges Genre aufführt, vorher das Zusammenspiel zwischen Techniker und Schauspieler zu üben.

Wenn der Techniker lange nach einem Sound auf dem Rechner oder Handy suchen muss, sollte man es lieber bleiben lassen. Manche Ton-Improvisierer legen sich auf dem Bildschirm eine Reihe von Standard-Sound-Knöpfen zurecht, auf die sie dann rasch zugreifen können, ohne zu scrollen oder sich durch Untermenüs hangeln zu müssen.

Eine unmittelbare Wirkung entfaltet die Klang-Impro am Offstage-Mikrofon. Manche Improvisierer bringen es bei der stimmlichen Imitation von Geräuschen zu außerordentlicher Virtuosität und jeder Impro-Spieler, sollte wenigstens die Grundlagen von

Sound-Impro trainieren und ausprobieren. Viele Spieler begnügen sich mit comicmäßigem verbalem Nachsprechen: Peng, Klopf-klopf, Wau-wau, Rattattat usw. Die Kunst liegt darin, richtig zuzu-hören und das Geräusch so klar und präzise zu reproduzieren.

8.5.4 Projektionen, Streaming, Multimedia

Was im gescripteten Theater schon lange genutzt wird, zieht lang-sam auch ins Improtheater ein – die Nutzung zusätzlicher Medien. Der Preis spielt inzwischen kaum mehr eine Rolle, und die Hand-habung ist ebenfalls keine Barriere. Bleibt nur die Impro-Konvention, die uns hindert, kreativ weiterzudenken. Denn gerade fürs Improvisieren bietet Multimedia ungeheure Möglichkeiten. Die folgenden Beispiele sind natürlich keine erschöpfende Liste und lediglich eine Anregung. Einiges dürfte sich in ein paar Jahren durch die technische Entwicklung wieder überholt haben.

Projektionen als Bühnenbild

Eine schon seit einiger Zeit genutzte einfache Form des Multime-dia-Einsatzes sind projizierte Fotos als Bühnenbild im Hinter-grund. Im Idealfall hat man eine von der Rückseite zu beleuchten-de, halbtransparente Leinwand, aber man kann es auch hinneh-men, wenn die Schatten der Schauspieler zu sehen sind. Hier ist es von größter Bedeutung, dass der Techniker genügend Impro-Gefühl besitzt und die Schauspieler einerseits mit Bildern über-rascht, andererseits auch in der Lage ist, in längeren Storys Gewe-senes wieder einzuführen.

Manche Gruppen spielen das auch so, dass der Techniker den Schauspielern folgt und im Nachhinein das passende Bild heraus-sucht. Hier wird erstens Impro-Potential verschenkt und überdies ist es auch unnütz. Wenn wir bereits als Schauspieler einen Super-markt, eine Bar oder ein Schlafzimmer etabliert haben, müssen wir das nicht noch zwanzig Sekunden später durch Bilder erklärt be-kommen. Umgekehrt ist es interessant, wie die Schauspieler auf die inhaltliche Vorgabe (nämlich das vom Techniker projizierte Bühnenbild) improvisatorisch reagieren.[111]

Video-Live-Streaming

Völlig neue Möglichkeiten eröffnet uns das Video-Live-Streaming, was zwar bisher schon teilweise genutzt wird, aber bei dessen künstlerischer Umsetzung gerade mal an der Oberfläche gekratzt wurde.

So kann zum Beispiel bei Live-Außenaufnahmen eine Straßen-Szene gezeigt und deren Hintergrund improvisatorisch als Bühnenbild genutzt werden. Selbst in kleinem Game-Kontext lässt sich das umsetzen: Passanten werden etwa vor einer Falafel-Bude gefilmt und von den Spielern live „synchronisiert"[112].

Video-Live-Streaming ermöglicht inzwischen auch das Mitspielen von gar nicht anwesenden Kollegen, die zum Beispiel aus beruflichen Gründen gerade nicht vor Ort sind oder berühmte Impro-Stars, mit denen man mal gern improvisieren würde, deren Übersee-Flugticket man sich aber gerade nicht leisten kann.

Dopplung durch Kameraprojektionen

Ein im modernen geskripteten Theater häufig eingesetzter Effekt, ist die Dopplung des Gezeigten. Auf einer Leinwand sieht man zum Beispiel Großaufnahmen des Gesichts, der Hände oder von Requisiten. Den Einsatz dieses Effekts sollte man sich gut überlegen, da er weniger ein improvisatorisches Mittel ist, sondern eher

---

[111] Eine der gelungensten Umsetzungen sah ich vor einigen Jahren bei einer Kooperation der inzwischen aufgelösten Impro-Gruppen *Zwiebelfisch* und *Crumbs* in Zusammenarbeit mit dem Karikaturisten Daniel Stieglitz, der während der Szenen das Bühnenbild erschuf, aber dabei nicht lediglich nachzeichnete, was bereits etabliert war, sondern mit seinen Bildern das Geschehen quasi kommentierte. So blieben zum Beispiel die Figuren in einer Szene mit dem Auto im Nirgendwo liegen. Und dieses Nirgendwo füllte er aus mit Kakteen, Geiern usw., so dass man sich bald in der mexikanischen Wüste wiederfand.

[112] Falls man nicht die Zustimmung dieser Leute hat, ist so etwas derzeit nur im rechtlichen Graubereich möglich.

eine Verstärkung, die nur sehr begrenzt sinnvoll ist, etwa in statischen, monologlastigen Szenen, wenn man mit der Kamera die Möglichkeit hat, das Gesicht aufzunehmen und nicht einem sich bewegenden Spieler folgen muss. Denkbar sind zum Beispiel auch Aufnahmen von Buch- oder Zeitungsseiten, die für die Zuschauer sichtbar sein sollen.

Wenn man die Möglichkeit hat, zwei Bühnen synchron zu bespielen, ist es denkbar, dass das Geschehen der zweiten Bühne auf Leinwand sichtbar wird. Sogar eine Vermischung der Handlungen beider Bühnen ist möglich, auch ohne dass die Spieler hören, was auf der jeweils anderen Bühne stattfindet, nur muss man dann darauf achten, dass die Charaktere reichhaltig ausgestattet sind und das Format so angelegt ist, dass keine zusätzlichen Details über Nicht-Anwesende etabliert werden. Außerdem ist es für die Zuschauer schwer, sich auf zwei Ebenen gleichzeitig zu konzentrieren. Film lenkt tendenziell immer ab. Man braucht also eine entsprechende Form, die dieses Mittel rechtfertigt und auch trägt.

Sozialmedien

Auch wenn die Platzhirsche Facebook, Instagram und Twitter inzwischen schon einige Jahre auf dem Buckel haben, ist anzunehmen, dass sich die Optionen dieser und anderer Sozialmedien noch erweitern werden. Hier einige Nutzungsmöglichkeiten, die schon jetzt einfach umzusetzen sind:

- Zuschauer-Vorschläge per Hashtag-Tweets oder Facebook-Kommentar vor der Show und in der Pause projizieren.[113]
- Verwendung von Bildern/Fotos als Vorgabe oder Bühnenbild.
- Nutzung der öffentlichen Facebook-Chronik eines Zuschauers (mit dessen Einverständnis).

---

[113] Auch wenn die große Mehrheit der Anwesenden ein Smartphone dabei hat und viele bei den Sozialmedien registriert sind, plädiere ich trotzdem für Projektion, um ein wirklich gemeinsames Erlebnis zu schaffen.

- Live Streaming (siehe oben).
- Kommentare zur Show (zum Beispiel in der Pause durch Zuschauer, Musiker oder Techniker).[114]

---

[114] In der teil-improvisierten Show „Chaussee der Enthusiasten" nahmen wir uns für einige Monate die Freiheit, in den zwei Pausen und nach der Vorstellung die Show selbstironisch zu kommentieren und zogen dadurch eine amüsante zweite Ebene ein.

9 GEBUCHTE SHOWS

Für viele Impro-Gruppen sind Firmenveranstaltungen („Corporate Events"), Shows für Organisationen oder kommunale Einrichtungen neben den Workshops eine wichtige Einnahmequelle, auf die man ungern verzichtet. Wenn man sich die Freude an derlei Auftritten nicht verderben lassen will, sollte man einige Dinge beachten, da solche Shows oft anders ablaufen als die selbst organisierten regulären Veranstaltungen.

9.1 Auf Rahmenbedingungen achten

Man muss sich darüber im Klaren sein, dass man das Drumherum von Betriebsfeiern nur bedingt in der Hand hat. Selbst wenn man mit professionellen Event-Managern kommuniziert, haben diese oft nur eine vage Vorstellung davon, was ein Improtheater braucht. Es hilft hier, nicht nur als Künstler (oder Künstler-Vertreter) in die Verhandlung zu gehen, sondern im Gespräch behutsam die Position eines Event-Beraters einzunehmen. Meistens sind die Gesprächspartner bei den Verhandlungen recht dankbar für Hinweise.

9.1.1 Bühne

Besprecht mit den Veranstaltern die Bühnensituation. Vor allem muss klar sein: Die Spieler müssen gesehen und gehört werden.

Was für uns banal klingt, ist manchen Personen, die zum Beispiel mit der Organisation der Weihnachtsfeier beauftragt wurden, gar nicht bewusst. So eröffnete mir einmal eine Vertreterin gegen Ende einer Vertragsverhandlung, dass die Show in einem Café bei gedämpftem Kerzenlicht stattfinden sollte. Ein anderer Vertragspartner war überrascht, als ich ihm erklärte, dass wir, wenn wir vor 100 Personen spielen sollen, erhöht auf einer Bühne stehen müssten.

Lasst euch die Maße der Bühne nennen, damit ihr euch darauf einstellen könnt. Die Größe des Saals in Verbindung mit der Anzahl der Zuschauer sind ein Indikator dafür, ob ihr Head-Sets benötigt. Manche Veranstalter sind hier ein bisschen technikverliebt. Im Zweifel lasst euch Head-Sets geben, auf die ihr dann gegebenenfalls noch verzichten könnt.

Besteht darauf, in einem geschlossenen Raum aufzutreten, nicht in einem Foyer oder Ähnlichem. Falls das nicht möglich ist (zum Beispiel auf Messen oder Walking Acts), ist die Wahrscheinlichkeit, dass der Job anstrengend wird, ziemlich hoch, was man sich mit einem zusätzlichen Aufschlag vergüten lassen sollte. Bei Open-Air-Auftritten sollte die eigene Show klar abgegrenzt sein (vor allem akustisch) von anderen Events.

Falls der Auftritt auf einer Tagung oder ähnlichem stattfindet, gibt es meist eine Bühne mit Rednerpult, gigantische Blumenvasen, Flipcharts oder Beamer-Tische. Stellt sicher, dass hier vor eurem Auftritt zügig umgebaut wird.

9.1.2 Essen und Trinken

Ein hungriges Publikum ist schlimm. Ein betrunkenes Publikum ist schlimmer. Vor allem bei Weihnachts- oder Jubiläumsfeiern solltet ihr darauf achten, so früh wie möglich aufzutreten. Bisweilen kollidiert das mit dem Ablaufplan der Veranstalter. Wenn es irgendwie möglich ist, lohnt es sich, in den Verhandlungen nachzufühlen, ob man unter Umständen den Zeitplan verändern kann. Man bedenke auch, dass Kollegen auf Weihnachtsfeiern in erster Linie *feiern* wollen, besonders wenn es sich um größere Veranstaltungen handelt. Wenn man schon die langwierige Ansprache der Geschäftsführer gehört und eine Dreiviertelstunde den örtlichen Laien-Weihnachts-Chor ertragen hat, ist die Offenheit für weitere Programmpunkte gering.[115]

9.1.3 Dauer

Hier gilt es, gut abzuwägen. In der Kürze liegt die Würze. Wenn die Veranstalter von euch kurze Einlagen statt eine längere Show am Stück wollen, solltet ihr nicht versuchen, eure Langform durchzudrücken. Man kommt sich vielleicht wie ein Hochstapler vor, wenn man für einen vierstelligen Betrag nur fünfzehn Minuten spielen soll. Aber das ist es eben manchmal genau der Wert einer solchen Show-Einlage.

---

[115] Bei einem meiner schlimmsten Auftritte geschah genau das: Öde Ansprachen, lange Umbaupausen, schrecklicher Weihnachts-Chor. In einem achtzig Meter langen Saal saßen die Gäste an langen Bierbänken mit schlechter Sicht zur Bühne, die auch noch in zwanzig Meter Distanz zu den ersten Zuschauern aufgebaut war. An den Seiten liefen parallel weitere Vergnügungen, wie Hau-den-Lukas-Geräte und Ähnliches. Das Publikum wurde immer betrunkener. Um die Umbaupause nach dem Chor zu überbrücken, legte der DJ schon mal laute Tanzmusik auf. Die Gäste glaubten, nun könnten sie sich endlich amüsieren und tanzen. Aber nach zehn Minuten wurden sie von der Organisatorin unterbrochen: „Es tut mir sehr leid, aber ich muss Ihnen sagen, dass jetzt erst mal noch ein Improtheater kommt." (Murren der Gäste) „Doch! Setzen Sie sich jetzt bitte alle still hin und warten Sie das Theater ab." Es gibt einen Level des Irrsinns, den kann man auch im besten Vertrag nicht ausschließen.

9.2   Veranstaltungs-Typologie bei gebuchten Shows

Bei Auftritten und vielleicht überhaupt bei jedem Künstler stellt sich immer wieder die Frage: Bringt es Geld oder macht es Spaß? Im günstigsten Fall fällt beides zusammen. Bisweilen aber eben auch nicht. So werden nur die allerwenigsten Impro-Spieler bei Auftritten auf Festivals mit Gagen rechnen können, aber die Freude, mit anderen auf der Bühne zu stehen, die kreative Atmosphäre und die soziale Verbundenheit entschädigen enorm. Bei gebuchten Shows bestimmt man nur selten den Ablauf oder das Drumherum. Daher lasse man sich zumindest eine Gage zahlen, die im Notfall als Schmerzensgeld betrachtet werden kann.

9.2.1   Betriebs-Veranstaltungen

Finanzielle Zurückhaltung ist hier fehl am Platze, auch wenn es sich um Unternehmen handelt, deren Produkte oder Image man sympathisch findet.

9.2.2   Kreuzfahrten

Immer häufiger kommen auch Kreuzfahrt-Unternehmen auf die Idee, Improtheater als Unterhaltungs-Act einzukaufen[116]. Grob gesprochen gibt es hier zwei Varianten:

Entweder man ist Teil des Show-Teams und für mehrere Monate an Bord. Dann kann man eine anständige Bezahlung erwarten, ist aber meistens auch zu allen möglichen Formen des Entertainments verpflichtet: Walking Acts, Animateur usw. Als Teil der regulären Crew stellt sich selten Ferienstimmung ein.

---

[116] Ob man die sozialen und ökologischen Verwerfungen, die so eine Kreuzfahrt mit sich bringt, mit dem Gewissen vereinbaren kann, steht auf einem anderen Blatt.

Oder man ist für eine Handvoll Auftritte gebucht. In diesem Fall ist die Reise selbst meistens schon Teil der Gage. Man kann in Passagierkabinen übernachten und die Angebote der Touristen nutzen.

9.2.3 Kommunale Veranstaltungen

Bei kommunalen Veranstaltungen, wie dem Dorf- oder Nachbarschaftsfest, ist selten mit hohen Gagen zu rechnen. Hier besteht die Gefahr, dass das Drumherum – Bühne, Lärmkulisse usw. – nicht immer perfekt ist. Allerdings kann es eine schöne Geste sein, sich auf derlei Veranstaltungen einzulassen, um die eigene Arbeit als Teil der Nachbarschaft zu markieren.

9.2.4 Hochzeiten und Geburtstagsfeiern

Wenn etwas dafür spricht, auf Hochzeitsfeiern aufzutreten, dann ist es die Bezahlung. Ansonsten sind Hochzeitsfeiern für Impro-Spieler ein Eiertanz, denn bekanntlich soll es „der schönste Tag in Ihrem Leben" werden. „Nichts darf schiefgehen", wird man instruiert, was ja an sich unserer „Scheiter heiter"-Haltung widerspricht. Außerdem stehen eine Menge unsichtbarer Fettnäpfchen in der Gegend herum: Familien-Tabus, die man nicht kennt, kürzlich verstorbene Verwandte usw. Thematisch empfiehlt es sich, bei leichten unverfänglichen Themen zu bleiben. Auch wenn es gewünscht wird, sollte man um Schlüpfriges lieber einen weiten Bogen schlagen, denn auch hier ist die Grenze des guten Geschmacks schneller überschritten als geglaubt. Wer heiratet, ist meist bereit, viel Geld auszugeben. Bei Essen, Miete, Kleidung landen einige Feiern schnell im oberen vier- oder gar im fünfstelligen Bereich. Da darf man sich guten Gewissens eine dicke Scheibe abschneiden.
Wichtig ist auch hier, dass ihr vorher mit den Gastgebern genau besprecht, wann euer Auftritt stattfinden soll und dass es Auf-

gabe des Gastgebers oder Zeremonienmeisters ist, die Gäste zu-
sammenzutrommeln und für angemessene Technik zu sorgen.

Wenn es sich nicht gerade um wohlhabende Familien handelt,
ist bei Geburtstagen eher mit weniger Geld zu rechnen. Aber es
gibt Ausnahmen. Gerade Impro-Fans buchen gern an ihren run-
den Geburtstagen für ihre Gäste ein Improtheater. Wenn ihr bereit
seid, auf Familienfeiern aufzutreten, stellt das explizit und deutlich
auf eurer Website dar.

9.2.5   Benefiz-Shows

Gerade wenn es um einen politischen oder sozialen Zweck geht,
der einem am Herzen liegt, möchte man mit seinen künstlerischen
Möglichkeiten helfen. Es mag hart klingen, aber Benefiz-Shows
sind häufiger als andere gebuchte Shows ungemütlich, besonders
dann, wenn die Veranstalter versuchen, eine große Menge an
Künstlern zu gewinnen. Am besten viel, am besten alles, am besten
zugleich. Oder sie sind so sehr mit ihrem politischen oder sozialen
Anliegen beschäftigt, dass die Künstler bei der Planung nur noch
eine kleine Rolle spielen. Die Folge ist dann ein organisatorisches
und technisches Chaos. Da das Geld als Druckmittel fehlt, sehen
sich manche Veranstalter nicht mehr an Vereinbarungen gebunden.

> „Ihr müsst jetzt doch parallel zur Band spielen. Aber das stört
> euch doch nicht, oder? Improvisiert doch einfach."

> „Es gibt zum Essen doch nur noch kaltes Chili con carne."

> „Ich weiß, wir hatten Headsets vereinbart, aber ich kann
> jetzt den Olli nicht erreichen."

Macht Ausnahmen nur dann, wenn es sich um professionelle Veranstalter handelt, die solche Shows mehrfach organisiert haben
und wenn es nicht parallel und in Hörweite weitere (musikalische)
Veranstaltungen gibt.

9.3 Showaufbau und -inhalte

9.3.1 Vorabsprachen und Anwesenheit auf Konferenzen

Viele Veranstalter wollen absolut auf Nummer Sicher gehen: Es *muss* gut werden, es soll lustig werden. Sie sind mit Improvisationstheater kaum oder gar nicht vertraut und glauben, dass man vorher „Themen absprechen" müsse. Meistens hilft es, wenn man freundlich aber deutlich erklärt, wie Improtheater funktioniert und dass man ohnehin auf die Interaktion mit den Zuschauern bauen wird. Falls der Verhandlungspartner auf ein Vorgespräch von Angesicht zu Angesicht besteht, sollte das als zusätzliche Leistung auf die Gage aufgeschlagen werden.

Ähnliches gilt für Konferenzen, Tagungen, Versammlungen und so weiter. Einige Veranstalter glauben, als Improspieler könne man die Themen abends irgendwie besser verarbeiten, wenn man sich den ganzen Tag auf der Konferenz umgeschaut hat. Es ist gewiss sinnvoll, sich ein bisschen mit dem Thema zu beschäftigen. Aber dafür genügt in der Regel das Studium der Konferenzbroschüre und, falls es etwas komplexer wird, ein oder zwei Artikel aus dem Internet zu lesen. Denn letztlich werdet ihr, völlig unabhängig vom Thema, *Szenen* spielen und keine Fachvorträge halten. Aufenthalt auf Konferenzen ermüdet eher. Also nehmt an den Tagungen teil, wenn euch das Thema auch privat interessiert, oder wenn die Gage so hoch ist, dass ihr nicht Nein sagen könnt. Dreißig bis sechzig Minuten genügen meistens, um ein Gefühl für die Zuschauer, die Themen und das Vokabular zu bekommen.

9.3.2 Inhalte

Höchstwahrscheinlich hat man euch gebucht, um die Veranstaltung komödiantisch aufzulockern. Ihr habt gewissermaßen Narrenfreiheit. Nur weil ihr vor Mitarbeitern eines Autozulieferer-Konzerns auftretet, heißt das nicht, dass ihr keine automobil-kritischen Positionen auf die Bühne bringen dürft.[117]

Einige Spieler sind von „großen" oder „schwierigen" Konferenzthemen eingeschüchtert. Das ist nicht nötig. Letztlich werden Improvisierer *gerade* dafür gebucht, den Themen die Schwere zu nehmen und sie leicht verdaulich herunterzubrechen. Das heißt nicht, dass man jeden Anspruch fallen lassen muss.

> Zwei Kollegen berichteten mir von einem Auftritt auf einer Unicef-Konferenz. Eigentlich hatten sie vorgehabt, die Veranstaltung mit lustigen Impro-Games aufzulockern. Aber nach dem Vortrag einer Rednerin über Kinderarbeit im Vorfeld der Fußball-WM ließen die beiden spontan diesen Plan fallen. Sie stellten stattdessen zwei Monologe gegenüber – den eines westeuropäischen fußballverliebten Jungen und den eines pakistanischen Kinderarbeiters, der Fußbälle herstellt.

Wenn zu erwarten ist, dass man den Zuschauern mehr als nur „Auflockerung" zumuten kann, lassen sich durchaus etwas anspruchsvollere Impro-Formate ausprobieren. Aber in der Regel ist das Publikum bei solchen Shows eher für Stücke dankbar, bei denen kleinere Aufmerksamkeitsspannen nötig sind.

9.3.3 Showaufbau

Bei Betriebsfeiern und Konferenzen ist der Anteil derjenigen Zuschauer, die bereits Improtheater kennen, meistens viel geringer als bei euren regulären Shows. Es empfiehlt sich daher ein Publikums-Warm-Up, das wirklich effizient sein sollte, um von der in der Regel knappen Zeit nicht den größten Anteil für das Drumherum zu verplempern. Auf Impro-Jargon und Insider-Gags sollte man ver-

---

[117] Natürlich gilt auch hier, dass man sein Publikum „lesen" sollte: Bei einer Weihnachtsfeier im Seniorenheim werden wir wahrscheinlich nicht gerade eine Tarantino-Stil-Szene auf die Bühne bringen.

zichten. Nehmt den vorherrschenden Stil wahr: Auf einer medizinischen Fachtagung herrscht eine andere Energie als bei der Weihnachtsfeier eines Tiefbau-Unternehmens. Nicht, dass ihr euch völlig dem vorherrschenden Ton anpassen müsst – vielmehr könnt ihr durch aufmerksame Publikumsbeobachtung herausfinden, was inhaltlich und stilistisch angemessen sein könnte.

9.4 Verhandlungen und Verträge

Nein, auch ich kann nicht verraten, wieviel Geld man für einen Auftritt verlangen kann. Das muss jede Gruppe für sich selbst entscheiden. Aber ich möchte hier ein paar Tipps geben, wie man mit Kunden umgeht, wie man sich einen Vorsprung vor den Mitbewerbern herausholt und wie man das Interesse der Kunden hält.

9.4.1 Du bist Berater

Sobald du mit Kunden über eine Buchung sprichst, bist du kein Künstler, sondern Berater, Agent und Event-Manager. Das heißt: Strahle Kompetenz aus. Meistens wissen die Gesprächspartner nicht viel über euch oder darüber, was man genau von einem Improtheater auf einem Event erwarten kann. Freundlichkeit, Ruhe und Ausgeglichenheit im Gespräch helfen da sehr weit. Manchmal ist am anderen Ende eine Sekretärin, die mit der Organisation der Jahresfeier beauftragt wurde oder ein PR-Sachbearbeiter, der eine Tagung planen soll, bei der das Entertainment (sprich: ihr) nur einer von Hunderten Aspekten ist. Wenn man hier die Gesprächspartner an die Hand nimmt und Klarheit suggeriert, kommt man ein ganzes Stück weiter.

In einigen Fällen haben die Kunden eine sehr genaue Vorstellung davon, was sie wollen. Das kann unter Umständen auch unseren Vorstellungen von Improtheater zuwiderlaufen. Prinzipiell empfiehlt sich hier, auf unsere Improtechnik des „Ja-und" zurückzugreifen. Die Kleinigkeiten kann man am Ende noch besprechen.

Und wenn der Kunde ein gutes Gefühl mit euch hat, dann wird er nicht wegen Banalitäten den Vertrag platzen lassen. Wenn man dann um bestimmte Punkte ringt, muss man wissen, ob es das Geld wert ist, dass man bestimmte Prinzipien ausnahmsweise mal fallen lässt.[118]

9.4.2   Mündlichkeit und Schriftlichkeit

Ja. Ihr braucht einen schriftlichen Vertrag. Aber vor dem Zustandekommen des Vertrags steht das Telefonat. Glaubt nicht, dass ihr die Einzigen seid, die man angefragt hat. (Das erkennt man meistens schon an der serienbriefmäßig formulierten E-Mail.) Ein großer Vorteil beim Telefonieren ist, dass man vorsichtig abtasten kann, wie hoch der preisliche Spielraum ist. Vor allem aber kann man sich auch *inhaltlich* nach den Wünschen erkundigen und danach, worum es eigentlich geht. Dadurch signalisiert man dem Kunden inhaltliches Interesse, was natürlich viel besser empfunden wird als eine rein geschäftsmäßige E-Mail. Außerdem lässt sich telefonisch leichter eine persönliche Beziehung aufbauen.

Wenn in der E-Mail keine Telefonnummer angegeben ist, so steht meistens doch eine Name dabei. In diesem Fall lohnt es sich, bei der Institution direkt anzurufen und sich zum Gesprächspartner durchstellen zu lassen.

9.4.3   Kennt euren Mindestpreis

Je nach Kunde und Anforderung kann man versuchen, den Preis nach oben anzupassen. Aber ihr solltet nie unter euren Mindestpreis verhandeln. Der Mindestpreis entspricht dem Schmerzensgeld in einem Worst-Case-Szenario: Betrunkene Zuschauer, Mitar-

---

[118] Was manchmal erwartet wird: Nicht-improvisierte Szenen einbauen, „lustige" Kostüme anziehen, einen bestimmten Mitarbeiter in die Improvisation einbauen, bestimmte Lieder oder Slogans singen.

beiter, die vor ihrer Entlassung stehen, ständig klingelnde Handys.
Da ihr diese schlimmen Fälle nicht ausschließen könnt, solltet ihr
euch eine Show entsprechend bezahlen lassen.

9.4.4 Gagenhöhe

Über den Preis wird als letztes gesprochen! Der Grund ist einfach:
Wenn ihr euch gut angepriesen habt und der Kunde euch dann
wirklich will, ist er bei der Preisverhandlung flexibler. Deshalb
sprecht ihr

- *erst* über die Erwartungen des Kunden: Wie lange soll gespielt werden? Welchen inhaltlichen Rahmen gibt es?
- *dann* über eure ergänzenden Vorschläge
- *dann* über technische Details: Gibt es ein Klavier vor Ort?
  Braucht man Headsets? usw.
- und schließlich ums Geld.

9.4.5 Nicht unter Wert verkaufen

Ich denke nicht, dass es prinzipiell ehrenrührig ist, für sehr wenig
Geld aufzutreten oder dass Dumpingpreise den Markt verdürben.
Vor allem als Newcomer ist es durchaus legitim, sich so viel Spiel-
erfahrung wie möglich zuzulegen, und zwar auch bei Firmen-
Events.

Das Problem ist allerdings: Wenn ihr euch unter einem bestimmten Preis anbietet, wird man euch vielleicht nicht ernst nehmen. Um das zu verstehen, muss man sich das nur mal von der
umgekehrten Seite vorstellen. Du hast als Firma ein Budget von
2.000 Euro für die Jubiläumsfeier. Davon darfst du 1.500 Euro für
Künstler ausgeben. Nun bekommst du zwei Angebote: Eine
Gruppe bietet sich für 1.000 Euro an, die andere für 150 Euro.
Welcher traust du eher zu, professionell für Stimmung zu sorgen?

9.4.6 Budget abchecken

Die Kunden wollen natürlich zuerst wissen, für wieviel die Künstler bereit sind aufzutreten. Wenn wir also fragen: „Wieviel wollen Sie uns zahlen?", reagiert das Gegenüber eventuell reserviert. Fragt man aber: „Wie hoch ist denn Ihr Budget für die Künstler?" bekommt man oft eine Antwort. Zwar überrumpelt man den Gesprächspartner ein bisschen, aber man zeigt auch, dass man bereit und in der Lage ist, die Angelegenheit aus dessen Perspektive zu betrachten.

Egal, welche Zahl genannt wird, kann man andeuten, dass man eigentlich mehr erwartet hätte. Ein kleines „Hm" genügt hier schon, man will ja nicht unverschämt rüberkommen. Wenn man spürt, dass da noch Platz nach oben ist, kann man auch nachfragen. Aber anhand des genannten Budgets kann man schon mal mündlich andeuten, welche Varianten infrage kommen. Wenn man zum Beispiel üblicherweise mit drei Schauspielern und einem Musiker auftritt und jeder Künstler will 200 Euro, kann man bei einem niedrigen Budget als Variante anbieten, nur zu zweit aufzutreten.

Wenn man selbst gezwungen ist, die Gagenvorstellungen zu nennen, kann man ruhig ein wenig höher ansetzen als normalerweise[119] und dies sanft formulieren, etwa „Wären 1.500,- Euro für Sie OK?" Es ist durchaus in Ordnung, sich danach herunterhandeln zu lassen. Unseriös wirkt man nur, wenn die Verhandlung zu einem basarmäßigen Feilschen ausarten oder man sich von 3.000,- auf 300,- Euro drücken lässt. Dem Kunden muss wissen, dass er für mehr Geld auch mehr bekommt.

9.4.7 Kalkulationskriterien

Was in die Kalkulation einfließen sollte:

---

[119] Dadurch bekommt man mit der Zeit auch ein Gefühl dafür, wieviel Kunden aus einer bestimmten Branche und in einer bestimmten Region bereit sind auszugeben.

- Eure Erfahrung als Impro-Spieler.
- Euer unmittelbarer Aufwand, also die Zeit, die ihr vor Ort verbringt.
- Eure mittelbaren Kosten (Training, Anreisezeit, Organisationszeit, generelle Kosten wie Werbung usw.).
- Zahl der Spieler.
- Zahl der Zuschauer.
- Die Größe des Unternehmens.
- Die Lokalität. Musstest du sie selber organisieren?
- Die Dringlichkeit.
- Die Attraktivität des Angebots: Magst du den Kunden? Klingt es interessant oder stressig?
- Finanzielle oder künstlerische Ausfälle: Wenn ihr in derselben Zeit auf etwas anderes verzichten müsst (etwa einen regulären Auftritt oder ein Festival, solltet ihr euch das entsprechend vergüten lassen).

Was für die Kalkulation relativ irrelevant ist:

- Wieviel andere Gruppen verlangen. Das spielt erst dann eine Rolle, wenn du merkst, dass ihr trotz erster Anfragen keine Jobs bekommt. Wenn der Preis deutlich zu hoch ist, wird einem das meistens gesagt. Wenn er zu niedrig ist, melden sich der Kunde nicht mehr.
- Versprechen der Kunden, ihr könntet für eure Gruppe werben oder es könnten „möglicherweise" Folgeaufträge entstehen. Derartige Angebote sind unseriös.

9.4.8 Wo kann man wieviel Geld erwarten?

Es lässt sich zwar nicht pauschal beantworten, wieviel Geld man in welcher Branche erwarten kann, aber es gibt zumindest ein paar Faustregeln: Viel Geld ist zu erwarten bei den meisten internationalen Großkonzernen, Consultingfirmen und in der privaten Immobilien- und Finanz-Branche. Außerdem, wenn man im Fernsehen oder auf Messen auftreten soll. Gut stehen größere Stiftungen da. Auch bei Konferenzen muss man bei den Verhandlungen nicht kleinlich sein.

Bescheidener geht es zu bei lokalen Unternehmen und kommunalen Einrichtungen.

Generell lohnt es sich, bei einer E-Mail-Anfrage sich über das Unternehmen vorher zu informieren. Fragt eine Event-Agentur an, liegt man meist mit der Annahme richtig, dass diese durch ein größeres Unternehmen beauftragt wurde. Denn ein kleiner freier Kita-Träger wird nicht eine Event-Agentur (die ja auch Geld kostet) für seine Anfrage zwischenschalten.[120]

9.4.9   Wie man mit unanständigen Anfragen umgeht

Man könnte meinen, es habe sich inzwischen herumgesprochen, dass man auftretende Künstlern nicht damit locken kann, dass sie auf einer Veranstaltung für sich „super Werbung" machen können. Und doch müssen sich gerade kleinere Gruppen solche Anfragen immer wieder gefallen lassen. Einige Kollegen fragen dann zurück, ob man dann im Gegenzug auch mal umsonst mit fünfzig Freunden im Restaurant speisen dürfe, ein Jahr lang ein Auto gratis mieten dürfe und so weiter. Ich denke, man muss nicht auf diese unterschwellige Art aggressiv werden. Diese Kunden wissen es einfach nicht besser. Es genügt also, sich für die Anfrage zu bedanken und zu sagen, dass man unter … Euro nicht auftritt.

Ähnlich kann man auch bei Anfragen reagieren, die einen mit unmöglichen Konditionen konfrontieren. Wird man also gefragt, ob man für eine halbe Stunde in einem zugigen Foyer mit Kaninchenkostüm auftritt, während parallel eine AC/DC-Coverband spielt, dann kann man durchaus signalisieren, dass man unter die-

---

[120] Es sind, wie gesagt, Faustregeln. Manche größeren Konzerne überlassen ihren Branchen und Sub-Branchen nur äußerst knappe Budgets für deren Feierlichkeiten, während manche karitativen Organisationen für ihre Veranstaltungen einen enormen Etat zur Verfügung bekommen.

sen Bedingungen eine Bezahlung im fünfstelligen Bereich für angemessen hält.

9.4.10 Der Vertrag

Verlasst euch nicht auf mündliche Absprachen. Selbst wenn ihr die betreffenden Personen persönlich kennt, ist ein Vertrag sinnvoll, um Missverständnissen vorzubeugen.

Dies sollte ein Vertrag enthalten:

- Namen und Adressen der Vertragspartner,
- die Leistung (Impro-Show),
- Termin und Ort der Leistung,
- Höhe des Honorars mit Ausweisung der Umsatzsteuer (bzw. dem Vermerk, dass diese nicht fällig wird),
- Pflichten der Künstler,
- Loyalität zum Auftraggeber,
- Klausel darüber, was geschieht, wenn Künstler erkranken (Ersatz besorgen oder rechtzeitig absagen),
- Pflichten der Auftraggeber,
- für technische Voraussetzungen sorgen,
- Ausfallhonorar bei kurzfristiger Absage der Auftraggeber
- zusätzliche Vereinbarungen wie Anreisekosten o.ä.,
- Salvatorische Klausel,
- Datum und Unterschriften.

10 VERZEICHNIS DER ERWÄHNTEN SPIELE UND FORMATE

Diese kurze Liste der in diesem Buch erwähnten Übungen, Spiele und Langformen ist keinesfalls als Vademekum-Spiele-Liste zu betrachten. Dafür wäre sie viel zu lückenhaft. Sie ist eher als kleine Anregung zu verstehen, sich mit dem jeweiligen Thema weiter zu beschäftigen. Eine umfassende Liste von Impro-Spielen mit Anleitungen und Erklärungen findet sich in *Improvisationstheater. Band 12: Spiele und Formate für Shows, Proben und Workshops.*

Ich unterscheide hier einerseits zwischen Spielen, die sich auch gut aufführen lassen und andererseits Übungen, die eher für Proben und Show-Warm-Ups geeignet sind. Mir ist klar, dass diese Unterscheidung stellenweise willkürlich wirkt, da gute Spiele auch immer Übungs-Charakter haben und gute Übungen auch häufig schön anzusehen sind.

Die meisten der hier angeführten Spiele sind Klassiker. Teilweise sind sie in ähnlicher Form an verschiedenen Orten erfunden worden, da sie auf naheliegende Weise ein bestimmtes Problem lösen. Wo es mir möglich war, habe ich die Erfinder der Spiele im Text erwähnt.

10.1 Übungen und Aufwärm-Spiele

220 Schüttler: Seite 156

Armrede: Seite 20

Bauernregeln: Seite 159

10.2 Spiele

10.3 Langformen und Spezialformate

Dunkeltheater: Seite 68

Harold: Seite 66

Maestro: Seite 64

Open Stage: Seite 73

Playbacktheater: Seite 85

Quintett (auch „Superszene" oder „5-4-3-2-1"): Seite 42

Roter Faden: Seite 178

Straßen-Impro: Seite 79

11 LITERATURVERZEICHNIS

Diese Bücher wurden im vorliegenden Werk erwähnt oder empfehlen sich als vertiefende Lektüre.

Alison Bechdel: „*Dykes to watch out for*"

Augusto Boal: „*Theater der Unterdrückten*"

Bertolt Brecht: „*Die Stücke von Bertolt Brecht in einem Band*"

Randy Dixon: „*Im Moment*"

Peter Handke: „*Publikumsbeschimpfung*"

Julius Hey: „*Der kleine Hey. Die Kunst des Sprechens*"

TJ Jagodowski, David Pasquesi with Pam Victor: „*Improvisation at the Speed of Life: The TJ and Dave Book*"

Keith Johnstone: „*Theaterspiele: Spontaneität, Improvisation und Theatersport*"

Stefan Kuntz: „*Survival Kit. Freies Theater und freier Tanz*"

Stephen Nachmanovitch: „*Free Play. Kreativität geschehen lassen*"

Dan Richter: „*Vierzehn Weisheiten für Impro-Spieler*"

Jo Salas: „*Improvising Real Life*"

Friedrich Schiller: „*Über den Gebrauch des Chors in der Tragödie*"

Quentin Tarantino: „*Kill Bill, Vol. 1 + 2. Script*", „*Jackie Brown. Script*", „*Inglourious Basterds: A Screenplay*"

Matthew Walker: „*Why We Sleep*"

Tilmann Ziemke / Stephan Lipsius: „*Bühne und Beleuchtung. Bühne, Bühnenbau und Bühnenlicht im Schul- und Amateurtheater.*"

12 IMPROVISATIONSTHEATER. ALLE BÄNDE

12.1 Veröffentlichungsplan

Okt 2018	Band 1: Die Grundlagen
Feb 2018	Band 8: Gruppen, Geld und Management
Sep 2019	Band 9: Impro-Shows
Dez 2019	Band 3: Szenen improvisieren
Mrz 2020	Band 2: Schauspiel-Improvisation
Aug 2020	Band 5: Storys improvisieren
Nov 2020	Band 4: Finde das Spiel
Jan 2021	Band 6: Freie Formen und Collagen
Jun 2021	Band 7: Musikalische Improvisation
Aug 2021	Band 10: Improtheater unterrichten
Okt 2021	Band 12: Spiele und Formate für Shows, Proben und Workshops
Dez 2021	Band 11: Impro überall

12.2 Inhalt der Bände

Improvisationstheater. Band 1: Die Grundlagen

Improvisationstheater ermutigt, uns dem Moment zu überlassen und in eine lebendige Interaktion mit den Mitspielern und dem Publikum zu gehen, Neues zu wagen, Ängste hinter uns zu lassen und die eigenen Fähigkeiten zu erweitern. Dieser Band beleuchtet für Anfänger, Fortgeschrittene und Lehrer die Grundlagen des Improvisationstheaters. Wie erlangen wir Selbstvertrauen und die Sensibilität, auf den Partner eingehen zu können? Wie begegnen wir der Improvisation, damit sie zu dem werden kann, was in ihr schlummert – eine Kunst.
Veröffentlicht: Oktober 2018

Improvisationstheater. Band 2: Schauspiel-Improvisation

Der zweite Band der Reihe *Improvisationstheater* befasst sich mit dem spontanen Schauspielen. Wie improvisieren wir glaubwürdige Charaktere jenseits von Klischees? Wie nutzen wir Status und Emotionalität für eine kraftvolle Dynamik unserer Figuren? Mit welchen einfachen Mitteln können wir Pantomime und Bühnenpräsenz für die Zwecke des lebendigen Improvisationstheaters nutzen? Veröffentlichung voraussichtlich März 2020

Improvisationstheater. Band 3: Szenen improvisieren

Der dritte Band widmet sich ausführlich der szenischen Improvisation. Wie beginnen wir Szenen? Wie führen wir sie fort? Und wie beenden wir sie? Wie schaffen wir eine stabile Plattform? Und wie improvisieren wir ohne Plattformen? Wie erschaffen wir kraftvolle szenische Konflikte? Wie unterstützen wir unsere Partner auf der Bühne und aus dem Off?
Veröffentlichung voraussichtlich Dezember 2019

Improvisationstheater. Band 4: Finde das Spiel

Im vierten Band geht es um den Kern jeder Szene, jedes künstlerischen Prozesses – das freie Spiel. Wie finden wir das Spiel der Szene, die zugrundelegende Komik oder Tragik? Welche Muster und Formen können wir im szenischen Spiel erkennen und etablieren? Wie hilft uns das Spiel, Comedy zu erschaffen? Wie helfen uns die klassischen Impro-Spiele und welchen Nutzen haben versteckte Spiele?
Veröffentlichung voraussichtlich November 2020

Improvisationstheater. Band 5: Storys improvisieren

Storys halten uns im Theater gefesselt, wenn sie fesselnd auf die Bühne gebracht werden. Was sind die Grundlagen des improvisierten Storytelling? Wie können wir komplexe Storys improvisieren, ohne die Übersicht zu verlieren? Wie baut man Helden auf? Wie lässt man sie wirksam leiden, siegen und verlieren? Braucht die Story überhaupt Helden? Wie spielen wir mit Erwartungshorizonten? Wie können wir Genres und Stile nutzen, um unseren Storys den gewissen Schliff zu geben? Mit welchen Story-Werkzeugen geben wir der Story einen komischen, einen spannenden oder tragischen Dreh?
Veröffentlichung voraussichtlich August 2020

Improvisationstheater. Band 6: Freie Formen und Collagen

Modernes Improvisationstheater geht über konventionelles Storytelling und kurzformatige Sketche hinaus. Im sechsten Band der Reihe *Improvisationstheater* wird untersucht, wie sich Improtheater die Methoden und Mittel des modernen Theaters zu eigen machen kann. Wie entsteht die Poesie des Fraktalen? Welche Möglichkeiten eröffnen uns der *freie Harold* und seine Impro-Geschwister? Wie können Storys modern aufgebrochen werden, um ein neues Theatererlebnis zu erschaffen?

Veröffentlichung voraussichtlich Februar 2021

Improvisationstheater. Band 7: Musikalische Improvisation

Musikalisches Improtheater wird in diesem Band von zwei Seiten betrachtet – aus der Sicht der Impro-Schauspieler und der der Impro-Musiker. Wie improvisieren wir einfache Songs? Wie entwickeln wir daraus musikalische Formate wie klassische Opern oder Musicals? Wie können Musiker die Szene beeinflussen? Was macht die Musikalität einer Szene aus? Welche Rolle spielt Stille? Und welchen Platz hat der Musiker als Mitspieler im Team?
Veröffentlichung voraussichtlich Mai 2021

Improvisationstheater. Band 8: Gruppen, Geld und Management

Im achten Band geht es um das Geschehen hinter der Bühne. Wie werden wir als Improtheater erfolgreich? Wie gründet man überhaupt ein Improtheater? Welche Regeln sind bei kleinen und großen Ensembles zu beachten? Kann Basisdemokratie funktionieren oder braucht man eine künstlerische Leitung? Wie organisiert man Trainings und Proben? Und: Kann man davon leben?
veröffentlicht Februar 2019

Improvisationstheater. Band 9: Impro-Shows

In diesem Band wenden wir uns dem großen Ganzen zu – den Impro-Shows. Wie findet man ein passendes Show-Format für die eigene Gruppe? Wie lässt sich eine Show sinnvoll aufbauen? Wie kommunizieren wir mit dem Publikum und welche Rolle spielen Publikumsvorschläge? Wie sollte man sich als Team im Backstage verhalten? Welche Formen von improvisierten Aufführungen gibt es jenseits der klassischen Impro-Show? Wie führt man Gagenverhandlungen? Und welche Arten von Vorstellungen sind sinnvoll bei gebuchten Auftritten?
Veröffentlichung September 2019

Improvisationstheater. Band 10: Improtheater unterrichten

Improvisation zu unterrichten bedeutet, die Tugenden des Improvisierens ernst zu nehmen: Lasse dich auf die Schüler ein. Erkenne die Dynamik der Gruppe. Höre zu. Lass deine Schüler selbst zu Erkenntnissen gelangen. Improvisiere deinen Unterricht, statt dich auf ein allzu starres Curriculum festzulegen. Der zehnte Band zeigt, wie man Übungen und Spiele ihre pädagogische Wirkung entfalten lässt, wie man Anfänger und wie man Fortgeschrittene unterrichtet. Wie baut man einen mehrtägigen Workshop auf und wie wandelt man ihn auf dem Weg des Unterrichtens ab? Welche theaterpädagogischen Methoden eignen sich für Kinder und Jugendliche? Wie trainiert man Teams in der Geschäftswelt? Und wie lassen sich diese Methoden in Therapie und Pädagogik anwenden?
Veröffentlichung voraussichtlich August 2021

Improvisationstheater. Band 11: Impro überall

Dieser Band weitet den Blick auf die Impro-Welt. Die beglückende Philosophie Improtheater dringt in immer mehr Bereiche – seine Techniken werden in Film und Fernsehen genutzt, im Tanz und in der Musik. Sogar in kunstfremden Systemen wie Politik, Business, Therapie und Pädagogik finden sich die Methoden des Improtheaters wieder. Wir werfen außerdem einen Blick auf die sich immer mehr vergrößernde Impro-Gemeinde – auf prägende Lehrer, Schulen und bedeutende Festivals.

Veröffentlichung voraussichtlich: Dezember 2021

Improvisationstheater. Band 12: Spiele und Formate für Shows, Proben und Workshops

Der letzte Band der Reihe *Improvisationstheater* enthält eine umfassende Liste von Spielen, Übungen, Langformen und Show-Formaten. Hier finden sich Spiele für jeden Zweck: Für Theater-Workshops, für Shows und für Gruppen-Warm-Ups. Die Spiele sind nach Kategorien unterteilt: Körperliche, verbale, erzählerische, szenische Spiele. Der Band enthält außerdem musikalische Formate und anspruchsvolle Langformen. Außerdem werden einige Kniffe zum Knacken von Genres und Stile beschrieben.

Veröffentlichung voraussichtlich: Oktober 2021

13 DANK

Ich danke allen, die zum Zustandekommen dieses Buches beigetragen haben:

Den vielen Impro-Spielern und -Theoretikern, die mir für dieses Buch Anregungen gaben, insbesondere Randy Dixon, Ramona Krönke, Mark Shone, Kurt Krömer, Brian Kapell, Martin Ciesielski, Dörthe Engelhardt, Joe Bill, Matthias Fluhrer und Andrés Atala Quezada,

Inge Richter, die ältere Versionen dieses Buches gelesen, kommentiert und korrigiert hat,

Laura Kötter für die Covergestaltung,

Matthias Fluhrer für das Foto des Autors,

den Mitgliedern von „Foxy Freestyle" sowie den Mitgliedern meiner ehemaligen Impro-Gruppen „Paula P", „Die Bö" und „Dunkeltheater", sowie den Kollegen meiner Lesebühne „Chaussee der Enthusiasten",

den vielen Gruppen, die mit neuen Formaten das Impro-Universum erweitern und den Gruppen, die die traditionellen Formate mit Leben zu füllen wissen,

den Lesern, Kommentatoren und Kritikern meines Blogs „Improgedanken" und der Facebook-Seite „Improvisationstheater als Kunst",

den diskutierenden Improvisierern der Facebook-Gruppen „Improv Germany" und „Improvisational theatre – group for players worldwide" sowie des entschlafenen Forums YesAnd.com, meiner Spielpartnerin und Ehefrau Stefanie Winny, die die Entstehung dieses Buchs enorm unterstützte, es korrigierte, kritisch kommentierte und immer ein offenes Ohr für Fragen hatte.

14 DETAILLIERTES INHALTSVERZEICHNIS